Décidément,
ILS n'ont toujours rien compris !

Professeur Christian Perronne

Décidément, ILS n'ont toujours rien compris !

Albin Michel

Cet ouvrage a été rédigé
en collaboration avec Ambre Bartok

Aux enfants du monde entier.
À mes quatre filles.
À Adam, Meryl et Ruben aussi.
Et à Balthazar-Moïse et Zola.

Sommaire

Introduction 11

1. « Le premier qui dit la vérité, il doit être exécuté » 15
2. Au fait, où est passée l'exemplarité ? 35
3. Recherche vaccins désespérément 49
4. Les traitements qui marchent 71
5. Le pouvoir… de faire n'importe quoi 97
6. Les ratages du gouvernement 115
7. Le goût du mensonge 135
8. ~~Liberté~~, égalité et fraternité 155
9. Nostradamus reprend du service ! 185
10. L'avenir nous appartient 197

Notes 215

Remerciements 275

Introduction

Si la crise actuelle de la Covid a déclenché, à juste titre, peur et anxiété un peu partout dans le monde, elle a aussi été un révélateur de la façon dont fonctionne un pays. L'exercice apparaît comme particulièrement cruel pour la France et ses élites.

Si on regarde ce qui s'est passé à l'étranger, le tableau de notre situation devrait inciter notre gouvernement à être plus modeste.

Quelques faits récents. Taïwan comptabilise 9 morts du coronavirus mi-février 2021. La Nouvelle-Zélande, 25 à la même date. En Islande, à la même période, il y a 29 morts. En Finlande, 710 ; et en Norvège, 592. Y a-t-il des similitudes entre ces pays très différents les uns des autres ? Oui. N'avoir jamais confiné leur pays en entier, avoir testé en masse, très vite isolé les patients infectés, avoir beaucoup communiqué, ne pas avoir installé de climat angoissant, et fait appel à la responsabilité de chacun. Il y a un autre point commun entre ces pays qui devrait nous faire réfléchir. Ils sont tous dirigés par des femmes. Sanna Marin, la Première ministre finlandaise, est même la plus jeune cheffe de gouvernement du monde. Elle a 35 ans.

Tout ça pour ajouter autre chose. Faire peur au peuple ou réduire ses libertés n'a jamais été la bonne solution dans la crise du coronavirus. Chez nous les responsables n'ont cessé depuis le début de la pandémie d'accuser ou de menacer les Français.

Le 3 avril 2020, le préfet de police Didier Lallement lâchait ainsi : « Ceux qui sont aujourd'hui hospitalisés, ceux qu'on trouve dans les services de réanimation, ce sont ceux qui, au début du confinement, ne l'ont pas respecté. » Une déclaration lamentable qui a exaspéré jusqu'à l'Élysée.

Le 12 décembre, Gabriel Attal déclarait que l'amende, si on ne respecte par le confinement plusieurs fois, « c'est 1 500 euros ». À ce moment-là, le porte-parole du gouvernement, c'est le monde à l'envers, questionne le journaliste : « S'il y a récidive, je crois que c'est 1 500 euros, c'est ça ? » demande-t-il. « Non, c'est 3 750 euros et six mois de prison. Là, il faut réviser, Gabriel Attal », lui rétorque Jean-Jacques Bourdin. J'ajoute que ce serait bien en effet de réviser quand on est payé 10 135 euros par mois…

Ces postures ne génèrent que colère et frustration tout en aggravant la récession qui frappe notre pays. Notre Président ajoute à l'été 2020 un comité international à tous les organismes déjà en charge du virus. Il est présidé par un médecin suisse reconnu, le professeur Didier Pittet, qui s'est fait une grande réputation en promouvant le fameux gel hydroalcoolique que nous utilisons tous les jours.

Pondéré, ce spécialiste tient un discours bien plus nuancé que celui du pouvoir politique – et du cercle de médecins qui l'entoure. Loin de dramatiser, il dit sur RTL le 15 février dernier qu'il préfère la politique des « confinements localisés » et les gestes barrières aux mesures imposées sur le plan national, que c'est le moyen de s'assurer la « sortie du tunnel » espérée par tous.

C'est cette attitude qui peut nous permettre d'éviter de commettre toujours les mêmes erreurs, une pathologie bien française.

Au-delà de la compréhension de ce qu'est le virus, des progrès rapides de la science depuis un an, de l'élaboration d'une politique sanitaire digne de ce nom, il est urgent de retrouver ce qui est censé être l'une de nos spécificités : la liberté de débattre, la liberté d'expression, la liberté de ne pas se faire insulter parce qu'on est favorable – ou opposé – à tel ou tel traitement. Bref, la liberté que la France a si longtemps portée en étendard dans le monde.

Maintenant, le moment est venu de comprendre ce qui s'est passé depuis l'émergence de ce virus et de la crise qu'il a contribué à déclencher…

1

« Le premier qui dit la vérité, il doit être exécuté »

Bon, il m'a fallu du temps avant d'avoir droit à ce titre, je ne dis pas que ça a été simple. J'ai d'abord été baptisé critique, puis dissident, mais aujourd'hui c'est fait, je suis chef de service du Complotisme ! Qu'est-ce qui me vaut cette appellation ? Le fait de remettre en cause des décisions médicales ou politiques que je juge condamnables. J'entre dans le détail.

Le 15 juin 2020, je réponds à une interview sur BFM[1] et affirme que la France aurait pu éviter entre 20 000 et 25 000 morts de la Covid, si on avait décidé de traiter les malades. Ai-je des preuves de ce que j'avance ? Non, bien sûr, je parle sans savoir ! Bon, évidemment oui.

Pour commencer, comparons l'Allemagne et la France puisque c'est ce que font nos hommes politiques eux-mêmes, sur tous les sujets aujourd'hui.

Chez eux, les médecins, dès le début de la crise, ont totale liberté de prescrire. Donc ils donnent de l'hydroxychloroquine. Chez nous, interdiction d'en donner en ville, par décret du 23 mars[2]. Idem pour l'azithromycine, qui se prend avec si on veut guérir, et qui devient prohibée le 9 juin en France[3], mais pas en Allemagne. En clair : impossible chez nous d'avoir le traitement en allant voir son médecin. En revanche, on a le droit de vous le donner mais attention : en phase finale et à l'hôpital, ce qui sert donc autant que si on vous filait une petite tape sur l'épaule en vous disant « Allez, et une bien bonne (dernière) journée ! ». Combien y a-t-il de morts en Allemagne ? 20 le 16 juin. Combien en France le même jour depuis le début de la pandémie ? 29 547[4]. Vous constaterez qu'il y a là un léger écart… De quoi me traîner dans la boue pour certains ? Apparemment oui.

Le 17 juin 2020, sort mon livre *Y a-t-il une erreur qu'ils n'ont pas commise ?*. J'attaque frontalement la gestion de la crise du coronavirus par nos gouvernants. Je dis, pour aller vite, qu'ils sont incapables et menteurs. Et puis j'attaque aussi les médecins en charge de gérer cette crise pour leurs conflits d'intérêts avec les laboratoires. Je dis, là aussi pour aller vite, que certains sont influencés par l'industrie pharmaceutique. Ai-je été poursuivi par les gens que je nomme dans le livre ? Jamais. Pourquoi ? Parce que j'ai des preuves de tout ce que j'affirme.

Deuxième accusation du Tribunal des incapables : le 18 juin 2020, je dis sur l'antenne de CNews que « j'ai perdu mon beau-frère parce qu'il était hospitalisé à Nantes, il aurait pu être sauvé par le traitement et les jeunes médecins du service ont dit avoir interdiction de prescrire parce que le service d'infectiologie du CHU de Nantes a dit à toute la région qu'il ne fallait pas le donner, donc ils ont laissé crever mon beau-frère[5] ». Je ne cite personne nommément mais c'est vrai que je traite le médecin responsable ce jour-là de lâche. OK, j'y vais fort et je n'aurais pas dû, mais le professeur Raoult, ce que j'ignore à cet instant, a reçu en appel masqué et à plusieurs reprises des menaces de mort d'un docteur du fameux CHU. Certes, depuis, l'intéressé s'est excusé auprès de Didier pour avoir eu des propos déplacés. Il l'a fait après que Raoult a porté plainte contre lui et découvert son identité. Mais c'est forcément un hasard… Admettons qu'on ait tous les deux dérapé, le doc du CHU et moi, je réclame alors la même peine : 300 euros d'amende. C'est ce dont il a écopé…

Le 15 octobre 2020, sur le plateau de Sud Radio, j'explique qu'« un médecin généraliste qui déclare un test Covid positif d'un de ses patients touche de l'argent[6] ». « En plus de la consultation ? » me demande le journaliste, ce à quoi je réponds : « Oui, bien sûr. Donc, il a intérêt à faire beaucoup de tests [...]. »

Ce que je dis est imparable, c'est sur le site de la CPAM pour les professionnels. Cette majoration est de 30 euros par visite, à ajouter donc au prix que le docteur facture en temps normal. À cela s'additionnent 2 euros pour le médecin s'il saisit des informations sur chaque cas contact, 2 euros sur chaque cas oui ! et 4 euros s'il donne des renseignements sur ce cas, c'est-à-dire nom, adresse, âge, etc. On est entre documentation et délation. Finalement, des députés s'étant dressés contre la dénonciation tarifée des cas contacts, la caisse d'assurance maladie a abandonné l'idée, mais contrairement au scepticisme de certains, la valorisation de la consultation « Covid positif » existe bien !

Suis-je en train de dire que les médecins libéraux sont pourris d'accepter cela ? Pas du tout, même si j'aurais préféré qu'ils le refusent, ce que certains ont fait et on les en félicite. Je regrette simplement que ceux qui ont accepté cette valorisation n'aient pas assez réfléchi à ce que cela implique, à savoir que l'on différencie le coronavirus des autres maladies. À mes yeux, c'est méprisant de donner plus de valeur à une pathologie qu'à une autre. Mais je sais que la plupart d'entre eux n'ont pas pensé à cela, donc je ne les accuse pas. Ceux que je vise en revanche, ce sont les gouvernants, car ils incitent à d'abord recevoir les patients possiblement Covid. Et les autres ? Ceux qui, du coup, ne peuvent plus consulter car le praticien n'a plus de place ? On les comptera dans les morts collatéraux ?

Voilà, il me semble que je viens d'énumérer tout ce qui me vaut aujourd'hui d'être diabolisé et me désigne candidat pour la corde. « Le premier qui dit la vérité... », chantait autrefois Guy Béart... Parce que le châtiment que j'ai récolté depuis est tout de même sévère.

J'ai été convoqué une première fois au Conseil national de l'Ordre des médecins. C'était en été, juste après mes premières déclarations. Les échanges se sont très bien passés. La deuxième fois que j'ai été assigné, c'était moins chaleureux puisque l'Ordre portait plainte contre moi le 10 décembre dernier, pour propos controversés[7]. On est six médecins dans ce cas, et la procédure est toujours en cours. Pour tout vous dire, advienne que pourra, là n'est pas le plus grave. Ce qui l'est en revanche, c'est que j'ai été démis de mes fonctions de président du Conseil scientifique de la Fédération de la maladie de Lyme et de vice-président de cette fédération que j'ai moi-même créée. Et puis on m'a retiré mon titre de chef de service des maladies infectieuses et tropicales à l'hôpital Raymond-Poincaré de Garches.

C'est Martin Hirsch, le directeur général de l'AP-HP, l'Assistance publique-Hôpitaux de Paris, qui m'a convoqué par mail et remis la lettre dans la foulée. Il l'a fait parce que, dit-il : « Le professeur Christian Perronne a tenu des propos considérés comme indignes de la fonction qu'il exerce[8] ». Je ne lui en veux évidemment pas. Martin est un chic type, pas du tout à la botte de celui qui l'a nommé : le gouvernement. C'est un esprit libre, qui s'est toujours rebellé contre son patron le ministre de la Santé quand il y avait lieu de l'attaquer. Bon, pas sur les suppressions de postes, pas sur les salaires ridicules des soignants, pas sur la pénurie de main-d'œuvre, pas sur…

Mais il travaille énormément sinon. C'est pour ça qu'il n'a pas le temps de regarder la télé, d'écouter la radio ou de surfer sur Internet. Pour ça qu'il ne sait pas que des médecins qui se dressent contre la gestion de la Covid par leur gouvernement, il y en a pas mal chez nous et à travers le monde.

En France, 30 000 médecins, 30 000 soignants et plus de 100 000 citoyens se sont ainsi regroupés sous la bannière « Coordination santé libre », pour notamment dénoncer l'interdiction de prescrire[9]. D'autres, également docteurs, soignants et scientifiques universitaires se sont unis pour créer le collectif Réinfo Covid[10], qui compte aujourd'hui quelque 14 250 membres. Une autre communauté, celle des Soignants pour une politique sanitaire juste et proportionnée[11], regroupe 400 médecins, chercheurs, soignants et citoyens.

En Allemagne, le collectif ACU rassemble 2 000 médecins qui disent que les gouvernements mentent et dramatisent, exprès, la crise de la Covid-19. Ils sont 1 300 en Espagne, appelés « Médecins pour la vérité », 24 110 aux États-Unis. Il y a aussi des collectifs qui réunissent les praticiens à travers la planète. C'est le cas de la World Doctors Alliance, groupement de plus de 13 000 docteurs et soignants du monde entier[12]. Le cas aussi de la World Freedom Alliance, qui rassemble des milliers de médecins au Royaume-Uni, en Italie, en Allemagne, en Belgique, aux Pays-Bas, en Pologne, au Danemark, en Suède et en Norvège. Et je ne cite là que les comités de praticiens, pas les sommités médicales qui les composent. Il me faudrait des pages pour toutes les nommer. Spécifions quand même que parmi les fortes têtes, il y a le docteur Roger Hodkinson[13], virologue canadien, qui n'est rien de moins que l'ancien président du prestigieux comité du Collège royal des médecins et chirurgiens d'Ottawa. Il a aussi été PDG d'un grand laboratoire et président d'une société de biotechnologie médicale, actuellement chargée de vendre un test Covid-19. Il y a pas moins de trois Prix Nobel aussi : Michael Levitt, Américain Nobel de chimie en 2013, Luc Montagnier, Français Nobel de médecine en 2003, Tasuku Honjo[14], Japonais Nobel de médecine en 2018, qui selon son porte-parole « s'est exprimé de façon un peu virulente dans les médias nationaux japonais sur la nécessité d'une action gouvernementale plus rapide et agressive ». Il me semble que là on ne parle pas de fantaisistes.

Maintenant qu'on a évoqué les médecins qui se rassemblent pour dire que la crise est mal gérée, parlons de ceux qui démissionnent, pour les mêmes raisons.

Et tiens justement, un autre Prix Nobel de la paix en 2018, Denis Mukwege[15], gynécologue qui quitte ses fonctions de président et vice-président de deux instances officielles chargées de gérer la pandémie dans une province du Congo. Il part le 10 juin dernier, à cause des « faiblesses organisationnelles et de cohérence entre les différentes équipes responsables des ripostes à la pandémie dans le Sud-Kivu », dira-t-il.

Le président du Conseil européen de la recherche, Mauro Ferrari, a aussi démissionné de son poste le 8 avril 2020, se déclarant « extrêmement déçu par la réponse européenne[16] » à la pandémie dans un communiqué.

Et puis les six qui composaient le Comité de surveillance des essais Covid-19 de l'AP-HP ont renoncé le 5 mai dernier à leurs fonctions à cause d'« un vif désaccord[17] ». Je ne vais pas entrer dans les détails mais sachez qu'en gros, ce comité bosse sur les effets d'un médicament, pensant qu'il marche peut-être sur les malades Covid. Ils en informent alors Martin Hirsch : celui-ci communique sur le sujet avant publication des résultats et de leur évaluation scientifique par leurs pairs c'est son droit évidemment. Il reste que, contrariés par cette initiative, les voilà qui démissionnent en bloc du comité de l'Assistance publique. Et on a six médecins de plus qui taillent la route.

Au Brésil, on a un ministre de la Santé qui démissionne le 17 avril 2020 et celui d'après fait de même le 15 mai[18]. Ce sont deux médecins. En Allemagne, c'est le professeur Thomas Aigner[19], ponte de la géo scientifique. En Suisse, Stefan Kuster[20], chef de la division Maladies transmissibles de l'Office fédéral de la santé publique (OFSP), quelques mois seulement après son entrée en fonction. Le docteur Miriam Esther Veras Godoy, responsable de la vaccination contre la Covid-19 au Mexique, a démissionné de ses fonctions le 17 janvier[21]. Le professeur Alexander Chuchalin a quitté le conseil d'éthique du ministère russe de la Santé[22]. Aux États-Unis, c'est Scott Atlas qui démissionne de son poste de conseiller spécial auprès de Donald Trump sur le coronavirus[23]. Etc. Tous n'ont pas quitté le navire pour les mêmes raisons, mais tous ont en commun d'attaquer les décisions des dirigeants de leurs pays.

Citons à présent les chiffres de médecins qui manifestent leurs désaccords, juste en France :

Le 10 septembre dans *Le Parisien*, 35 chercheurs et docteurs signent une tribune pour demander au gouvernement de revoir sa politique et sa stratégie de communication dans la gestion de la lutte contre l'épidémie[24]. Dix-sept jours plus tard, ils sont 350 scientifiques français de plus, à signer un papier commun sur Mediapart pour dénoncer les mesures gouvernementales « disproportionnées[25] ».

Le même jour, plus de 250 scientifiques, universitaires et professionnels de santé écrivent une autre tribune, à paraître sur le site internet du *JDD*[26] qui finalement renonce à la diffuser. Le collectif Médecins 974, qui rassemble 14 docteurs à La Réunion, rédige une lettre ouverte pour demander l'allègement des mesures sanitaires le 27 septembre, puis une tribune sur la liberté de prescrire le 5 novembre dernier[27].

Tout ça pour prouver, dates, chiffres et noms à l'appui, que je ne suis pas seul. Que tous ces médecins sont traités de complotistes, ou juste de dingues dans leurs pays parce qu'ils remettent en cause les décisions de leurs dirigeants. Et que moi, c'est ça que je trouve hallucinant, qu'on ne les écoute pas.

Maintenant passons à ceux qui s'échauffent aussi sur les décisions sanitaires des gouvernements, eux, en manifestant.

Le 29 août, 300 personnes selon la police (donc plus en réalité) manifestent à Paris[28]. Le 29 octobre, 200 Parisiens toujours, autant de Toulousains et de Castrais (c'est ainsi que s'appellent les habitants de Castres), protestent dans leurs villes respectives[29]. À Rouen et à Cambrai aussi, ce jour-là, on descend dans la rue. Le 7 novembre

2020, 5 000 personnes battent à nouveau le pavé à Toulouse[30]. Le 14 novembre, 1 500 personnes défilent à Nice, le 15 décembre c'est le monde de la culture qui descend par centaines partout en France[31], puis les catholiques pour exiger la réouverture des églises, les habitants de stations de montagne, patrons de bars, restos, hôteliers de tout l'Hexagone… bref, le Français est agité quand il évoque la gestion de la pandémie.

Et à l'étranger ? C'est la même chose. Le 1er août 2020, 500 000 personnes manifestent dans les rues de Berlin en Allemagne, pour protester contre les mesures draconiennes prises pour contenir le coronavirus[32]. Le 29 du même mois, re-manif de 38 000 personnes chez eux[33]. Le même jour, à Londres, un millier de manifestants appelant à la fin de la tyrannie médicale se retrouvent à Trafalgar Square, tandis qu'à Zurich, ils sont plus d'un millier à réclamer un retour à la liberté[34]. 250 à Melbourne le 13 septembre et ajoutez des dizaines de rassemblements dans tout le reste de l'Australie en ce jour qu'ils nomment « Jour de la liberté[35] ». Au Portugal, ce sont des milliers de techniciens du secteur de la culture qui manifestent à Lisbonne[36]. Le 16 janvier, 10 000 opposants aux mesures sanitaires défilent à Vienne[37]. À Rome, en Italie, ce sont environ un millier de personnes qui protestent contre l'obligation de vacciner les enfants et celle du port de masque[38]. Plusieurs milliers de Croates se rassemblent aussi à Zagreb pour dénoncer les mesures imposées par les autorités contre le coronavirus. Ils appellent cette journée « Festival de la liberté[39] ». Et la liste des révoltes est encore longue.

La liste de ceux qui paient pour avoir donné une autre version que celle des autorités sur la pandémie est aussi bien longue parmi les journalistes…

Sergueï Satsouk, le rédacteur en chef d'un quotidien biélorusse, est arrêté le 25 mars 2020, et inculpé pour corruption, un crime passible de dix ans de prison[40]. Trois jours plus tôt, il avait publié un éditorial qui mettait en doute les statistiques officielles sur l'épidémie.

Tholi Totali Glody, reporter sur une chaîne de télé congolaise, fait un sujet sur le confinement dans son pays, le 24 mars. À la fin de son tournage, il a une jambe cassée et de vilaines blessures au visage et au bras[41].

Au Mali et au Congo, un journaliste de *L'Indépendant* et une équipe de la DRTV sont brièvement arrêtés à la suite de reportages sur l'épidémie[42].

En Côte d'Ivoire, deux journalistes du pays sont condamnés à une amende de 7 622 euros chacun pour « diffusion de fausses nouvelles[43] », car ils ont révélé deux cas de coronavirus à la prison d'Abidjan.

Ruth Michaelson, journaliste au quotidien britannique *The Guardian*, est expulsée d'Égypte, après avoir été privée de son accréditation, pour avoir révélé le 15 mars 2020 que le pays dans lequel elle est envoyée spéciale est beaucoup plus touché par le coronavirus que ce qu'en dit le gouvernement. Le lendemain de sa publication, elle avait été convoquée pendant plus de trois heures par le service d'information de l'État (SIS). Est également convoqué le chef du bureau du Caire du *New York Times* Declan Walsh, qui est pour sa part rappelé à l'ordre pour avoir retweeté un message du médecin auteur de l'étude citée dans l'article du *Guardian*[44].

Quant aux médecins qu'on empêche de parler, ils commencent à être nombreux.

Le 18 décembre 2019, Ai Fen, directrice chinoise des urgences de l'hôpital central de Wuhan, examine un malade souffrant d'infection pulmonaire. Neuf jours plus tard, elle voit un deuxième patient avec les mêmes symptômes et découvre sur le résultat des tests qu'elle demande :

« Coronavirus du SRAS, 46 types de bactéries avec colonisation orale/respiratoire ». Elle informe le service de santé publique et le service des infections de l'hôpital, et partage le rapport de test sur le groupe WeChat des médecins du département.

Le soir du 1er janvier, elle est convoquée par un responsable de la discipline de l'établissement, accusée de « répandre des rumeurs », de « créer des problèmes » et de manquer à la « discipline d'équipe ». Elle reçoit l'ordre de se taire[45]. Le docteur Ai Fen est la première lanceuse d'alerte sur le coronavirus, et la première aussi à disparaître pendant deux semaines, selon l'émission australienne « 60 minutes ».

Li Wenliang, ophtalmologue de 34 ans à l'hôpital central de Wuhan en Chine, collègue de Ai Fen, reçoit le rapport et l'envoie à d'autres médecins le 30 décembre 2019. Deux jours plus tard, en pleine nuit, il est interpellé avec sept autres docteurs pour avoir « répandu des rumeurs » et « perturbé gravement l'ordre social ». Questionné pendant plusieurs heures, il est contraint de signer une lettre disant qu'il a diffusé de fausses informations. Il doit promettre de ne plus commettre « d'actes contraires à la loi », condition pour être libéré et retourner travailler. Le 7 février, il est retrouvé mort[46].

Le docteur Hu Weifeng, médecin de 42 ans qui

travaille lui aussi dans l'hôpital central chinois, meurt dans des circonstances peu claires le 2 juin 2020[47].

Le week-end du 3 mai, Bing Liu, 37 ans, scientifique d'origine chinoise, qui effectue des travaux sur le coronavirus, est tué par balles en Pennsylvanie, la piste d'une dispute ordinaire (un chouïa violente tout de même) est privilégiée[48].

Le 20 décembre 2020, Alexander Kagansky, scientifique russe de 45 ans, travaille sur un vaccin contre la Covid. Le voilà qui est brusquement poignardé et jeté par la fenêtre du 14e étage de son immeuble à Saint-Pétersbourg[49]. Il ne s'en relève évidemment pas.

Bon, heureusement, dans notre pays la peine de mort a disparu. Ne restent que les exécutions symboliques. C'est ainsi que j'ai perdu mon poste de chef de service d'infectiologie de l'hôpital de Garches. De plus, l'État, via le CSA, le Conseil supérieur de l'audiovisuel, a adressé à la radio RMC une mise en demeure suite à mon intervention dans l'émission « Les grandes gueules » du 31 août. Dans la décision, ce conseil des « sages » (ne riez pas !) écrit que le média doit veiller « au respect d'une présentation honnête des questions prêtant à controverse, en particulier en assurant l'expression des différents points de vue par les journalistes, présentateurs, animateurs ou collaborateurs d'antenne ». Donc, je lis ça et je me demande pourquoi dans ce cas, quand la professeure Karine Lacombe, cheffe d'infectiologie à Saint-Antoine et anti-chloroquine acharnée, est invitée par exemple sur un plateau, Raoult ou moi n'y sommes pas : l'idée est bien d'offrir une certaine diversité de points de vue, non ? Tout pareil quand les membres du Conseil scientifique ou tout autre médecin s'expriment et que je ne suis pas d'accord par exemple. Je veux être là ! Ou n'importe quel autre contradicteur, mais qu'il y en ait un ! C'est bien ce que le CSA promeut, et je suis on ne peut plus d'accord. Faisons ça dorénavant.

Parce que je ne peux pas croire qu'il y ait volonté de me bâillonner. Impossible de penser que dans le pays des droits de l'homme, les mêmes ministres, qui tous défendent la liberté d'expression, auraient fait volte-face. Juste parce qu'on les agace ? Impossible, pas le genre de la maison ! Emmanuel Macron lui-même dit le 1er septembre dernier : « En France, on peut critiquer des gouvernants, un président[50] », ce que Jean Castex affirme aussi le 7 novembre 2020 : « Sur cette liberté, la République ne transige pas[51] », tout comme Gérald Darmanin le 2 novembre sur BFM : « Il y a plein de gens dont je considère que ce qu'ils disent est idiot, cependant je me battrai jusqu'à la mort pour qu'ils puissent le dire[52]. » Bon, ils en font peut-être un peu beaucoup.

Je ne peux pas non plus croire que l'OMS, l'Organisation mondiale de la santé, diffuse ce discours sur son site :

> « Dans la lutte contre la pandémie de Covid-19, nous sommes confrontés au problème d'une surabondance d'informations au sujet du virus. Certaines de ces informations sont parfois fausses et potentiellement dangereuses.
>
> Les informations inexactes se répandent vite et largement, de sorte que le public a du mal à distinguer les faits et les conseils vérifiés provenant de sources fiables telles que l'autorité sanitaire locale ou l'OMS.
>
> Cependant, tout le monde peut contribuer à ne pas propager ces informations. Si vous voyez du contenu en ligne qui vous semble faux ou trompeur, vous pouvez le signaler sur la plateforme qui héberge le réseau social concerné. »

Il y a ensuite des tutos qui s'appellent « Voici comment faire », qui sont extrêmement clairs pour devenir le parfait petit dénonciateur[53]. J'ajoute que l'OMS oublie que tout le monde n'est pas infectiologue. Comment les gens pourraient-ils alors savoir qu'un contenu est faux ?

Allez, j'arrête de donner de l'eau au moulin de ceux qui m'attaquent, m'insultent souvent ou me reprochent de trop parler, parce qu'à dire vrai, l'important pour moi, c'est, d'une part de respecter le serment d'Hippocrate que j'ai fait dans ma jeunesse, et d'autre part d'être aux côtés des Français pendant l'épreuve que nous traversons. Et de combattre tout ce qui est fait en dépit du bon sens et me choque dans mon domaine, la santé.

Et puis ne craindre aucun châtiment car la peur vole le courage, donc ne jamais craindre de s'exprimer, de dire sa vérité, à l'aune quand même de quinze ans de conseil en santé publique au ministère de la Santé, parce que j'ai été aussi expert pour les agences française et européenne du médicament et à l'OMS, président de la commission spécialisée « maladies transmissibles » du Haut Conseil de la santé publique (HCSP), professeur de maladies infectieuses et tropicales à l'université de Versailles-Saint-Quentin-en-Yvelines et jusque-là et pendant vingt-sept ans chef du service maladies infectieuses de l'hôpital Raymond-Poincaré de Garches.

Décidément, ILS n'ont toujours rien compris !

J'ajouterai, avant d'en finir, que si je m'interroge sur le bien-fondé des décisions gouvernementales, ce n'est absolument pas parce que je suis un horrible conspirateur, mais parce que les États parfois, attention ça va vous faire un choc, ils mentent. Et qu'après, on doute plus facilement de leur parole.

2

Au fait, où est passée l'exemplarité ?

Olivier Véran, neurologue et ministre de la Santé[1], dit le 15 juin sur LCI : « Je ne fais pas partie de celles et ceux qui se sont succédé sur les plateaux pour vous affirmer des choses dont ils n'étaient pas sûrs[2]. » Le ministre, de plus en plus sûr de lui ce jour-là : « Le gros de l'épidémie est derrière nous[3]. » Ce jour-là, il y a 29 436 morts. Le 15 novembre, il y en a 44 548[4].

Un peu avant, le 15 avril à la sortie du conseil des ministres, il ose tout en déclarant : « Tester tout le monde sans symptômes, c'est partir à la pêche à des informations extrêmement évolutives et très peu informatives[5]. »

Le 21 avril 2020, il réaffirme sur France 2 : « Tester quelqu'un au hasard dans la journée [...] on va perdre des moyens qui sont importants pour dépister les personnes vraiment malades[6]. »

Le 8 novembre 2020, il prend le vent, en bonne

girouette : « On va pouvoir tester aussi sur grande échelle pour trouver les personnes qui auraient pu passer entre les gouttes [...] Nous amplifions notre politique de tests[7]. »

Le 9 mars 2020 sur BFM, il livre aux Français qui découvrent son potentiel une analyse originale : « Ce qui fait que la grippe s'arrête au printemps, ce n'est pas la chaleur, c'est qu'en fait au printemps, qu'est-ce qu'il se passe ? On ouvre les fenêtres, on ouvre les portes, on n'est plus confiné dans des lieux, on va dehors. Et donc c'est le confinement qui provoque la circulation du virus[8]. »

Le 1er avril 2020, et ce n'est pas une blague, il dit le contraire : « Toutes les dix minutes de confinement nous sauvons une vie dans notre pays[9]. » Il martèle aussi qu'« il n'est pas question de déconfiner[10] » dans les colonnes du *Journal du dimanche*, puis le 21 janvier dans le journal télévisé de TF1 : « Chaque fois que nous avons confiné, c'est pour sauver des vies[11]. »

Le 6 mars, il déclame : « J'insiste ! L'usage du masque en population générale n'est pas recommandé et n'est pas utile[12]. » Le 20 juillet, cet accessoire devient obligatoire dans les lieux clos, et le 29 dehors aussi, partout en fait. Sauf à la maison, mais ça peut venir…

Le 23 mars, un Américain meurt après avoir ingéré du phosphate de chloroquine, un détergent pour nettoyer les aquariums[13]. La presse mondiale s'en fait l'écho le jour même.

Le lendemain à l'Assemblée nationale, très réactif, Olivier Véran déclare : « Les cardiologues m'alertent aussi sur le fait que l'hydroxychloroquine peut entraîner des troubles cardiaques. Aux États-Unis il y a eu une personne aujourd'hui qui, en automédication, prenait de l'hydroxychloroquine et qui a fait un arrêt cardiaque qui lui a été fatal[14]. »

Un petit rappel à la loi, monsieur le ministre ? Loi du 29 juillet 1881, article 27 (modifiée par ordonnance le 19 septembre 2000 pour être précis) : « La publication, la diffusion ou la reproduction, par quelque moyen que ce soit, de nouvelles fausses […], lorsque, faite de mauvaise foi, elle aura troublé la paix publique […], sera punie d'une amende de 45 000 euros. »

Les mêmes faits seront punis de 135 000 euros d'amende, en cas de « mauvaise foi ». Et par ici la monnaie !

Le 4 novembre, Olivier Véran dit à l'Assemblée nationale : « En Ehpad, s'il y avait un cas Covid dans l'Ehpad, et donc une épidémie identifiée, et qu'un décès était suspecté Covid, on l'identifiait et on le reconnaissait comme Covid[15]. » Décodage : un cas devient une épidémie, première nouvelle ! Et tout mort en Ehpad est étiqueté mort du coronavirus. De mieux en mieux… Ah, et j'ajoute que les sénateurs accusent notre ministre d'avoir « sciemment dissimulé[16] » le « fiasco des masques ». Exemplaire, Olivier Véran ?

Jérôme Salomon maintenant. « Le choix a délibérément été fait en 2018 par le DGS [directeur général de la santé] de ne plus suivre la cible d'un stock d'un milliard de masques chirurgicaux. » C'est écrit noir sur blanc dans le féroce rapport du Sénat rendu public le 11 décembre 2020. « Face à l'urgence, [le] DGS ne passe pourtant commande que de 50 millions de masques[17]. » Le même document poursuit : « L'analyse de courriels échangés entre la Direction générale de la santé et Santé publique France atteste d'une pression directe de M. Salomon sur l'agence afin qu'elle modifie la formulation des recommandations de ce rapport avant sa publication au grand public[18]. » Jérôme Salomon a contesté en partie cette version de l'affaire en invoquant les conclusions d'une procédure en cours.

Ce haut fonctionnaire très apprécié du Président affirme le 4 mars sur BFM que le port du masque n'a pas d'intérêt pour le grand public[19]. Étonnamment, à cet instant la France n'en a pas, mais dès qu'on en reçoit il devient obligatoire ! Jérôme Salomon, infectiologue, est responsable du manque de masques au début de l'épidémie. Il savait que les stocks français diminuaient de façon vertigineuse mais il a choisi de ne pas les reconstituer. Il n'a d'ailleurs pas non plus averti clairement la ministre de la Santé de l'époque, Agnès Buzyn, de cette pénurie. Et enfin, il a fait pression pour modifier les conclusions d'un rapport d'experts qui donnait selon lui une image peu flatteuse de son action.

L'homme chargé de coordonner l'action sanitaire du ministère a-t-il été exemplaire ? À chacun d'en juger.

Dans la ronde de la Covid-19, des personnages voués à l'oubli surgissent brusquement de l'ombre, telle Geneviève Chêne. Professeure de biostatistique en santé publique, cette chercheuse prend la tête de Santé publique France le 30 octobre 2019[20], quelques semaines avant le commencement de la pandémie. Elle aussi est auditionnée par l'Assemblée nationale et déclare avoir « trouvé une maison en ordre de marche ». Elle ajoute que ses équipes ont constitué un stock de masques pour les soignants au début de la crise « en un temps record[21] ». Temps record pour des escargots en effet, mais « une faible commande [...] réalisée par Santé publique France huit mois après sa commande », disent les députés. Le 1er mars, seulement cinq mois après la prise de ses fonctions, 30 258 soignants sont contaminés et ce chiffre est encore en dessous de la réalité, car 1 130 établissements de santé sont recensés, sur les 3 000[22].

Quand les députés demandent à Geneviève Chêne de détailler les contrats passés concernant les masques, elle répond : « secret des affaires[23] ». Des affaires ? Pour un agent de l'État ?! Quand ils l'invitent à expliquer pourquoi les stocks de masques n'ont pas été reconstitués après l'automne 2018, période à laquelle on sait qu'on n'en a pas eu assez, elle rétorque d'un ton sec : « On agit sur instruction du ministère[24]. » Circulez...

Et puis il y a les chiffres et là, ça se complique. Le 3 janvier 2021, Santé publique France annonce 564 personnes hospitalisées pour Covid dans les Alpes-Maritimes. Sauf qu'il n'y en a en fait que 233, dixit des médecins hospitaliers, graphiques à l'appui, dans les colonnes de *Nice-Matin* le 16 janvier[25].

L'agence annonçait également le 18 novembre 2020 sur son site que la Vienne avait enregistré 113 morts Covid. Sauf qu'en fait non, ils en étaient à 97[26].

Geneviève Chêne est-elle exemplaire ? Je vous laisse là aussi en juger, sans insister sur le fait qu'elle figure, avec l'intégralité des médecins du Conseil scientifique en charge de la crise sanitaire actuelle, sur une photo datant du 12 mars 2020, où tous apparaissent collés serrés[27]. La distanciation physique ? La quoi ? Pas la peine non plus d'insister sur le fait qu'elle est citée à comparaître le 11 mars 2021 pour « harcèlement moral » et « dénonciation calomnieuse » devant le tribunal correctionnel de Bordeaux[28].

Dans cet univers, il y a les conseils vertueux donnés aux autres et la vraie vie. Dans cette vie-là, Christian Chidiac, président de la commission spécialisée « maladies transmissibles » du HCSP (Haut Conseil de la santé publique), a par exemple d'amicales relations avec de grandes sociétés pharmaceutiques dont le fameux Gilead, le laboratoire qui vend la molécule concurrente de la chloroquine[29]. C'est justement lui qui rend l'avis interdisant la chloroquine sauf aux mourants…

Responsable du service d'infectiologie au CHU de Montpellier et nommé coordinateur national par Olivier Véran de l'essai lancé sur l'hydroxychloroquine, Jacques Reynes a reçu de très grosses sommes des labos, dont évidemment Gilead[30].

Le professeur Vincent Le Moing, son adjoint dans l'essai, a lui aussi reçu des sommes de Gilead[31].

J'ai bien connu Yazdan Yazdanpanah, pour lequel j'avais une réelle estime. Membre en vue du désormais célèbre Conseil scientifique, cela ne l'empêche pas de travailler en confiance avec l'industrie. Et de s'impliquer. Ainsi dit-il, le 31 janvier 2021 lors d'une conférence de presse, que le Remdesivir (il épelle d'ailleurs le nom de la molécule aux journalistes histoire qu'ils sachent parfaitement l'écrire) est une option pour lutter contre le virus[32]. Sauf qu'une semaine avant, il avait annoncé : « Il n'y aura pas d'épidémie en France[33]. » Je résume : pas de pandémie chez nous, mais on a déjà un traitement ? Dès mars 2020, il insiste : le Remdesivir est un traitement « ayant prouvé quelque chose ». Et il a raison : son médicament miracle prouve dans une étude de la revue médicale *The Lancet* que 12 % des sujets traités souffrent d'effets indésirables graves et doivent arrêter le traitement, contre 5 % des sujets non traités[34] !

François-Xavier Lescure, infectiologue, est l'adjoint de Yazdan. Il a touché des sommes limitées de Gilead[35]. Mais il a surtout signé une étude sur le Remdesivir, le médicament vendu par ce labo, dans le *New England Journal of Medicine* le 10 avril 2020[36]. Il y dit que ce traitement est efficace contre la Covid. Et il s'appuie sur du solide : 53 malades ont reçu le traitement pendant dix jours. L'étude n'est pas randomisée, c'est-à-dire pas faite sur des malades recevant la pilule et d'autres un placebo pour pouvoir comparer les résultats, et la charge virale n'est pas mesurée.

J'ajoute que quelques mois plus tard, on apprend que le médicament ne marche pas, dixit tout le monde : OMS, Haute Autorité de santé, et même le PDG de Gilead, Daniel O'Day lui-même, qui comptait nous vendre le traitement de cinq jours à 2 083 euros, un traitement qui selon lui « réduit la durée d'hospitalisation mais pas la mortalité[37] ». Ces propos seraient presque drôles si on ne parlait pas d'une pandémie.

Il y a aussi l'Ordre des médecins. J'ai intérêt à être prudent, car après avoir perdu ma position de chef de service en infectiologie, j'aimerais bien ne pas carrément perdre le droit d'exercer. Et c'est le Conseil qui décide de ça.

Pas question donc d'aborder le rapport de la

Cour des comptes de décembre 2019[38]. Pas question de dire que, par exemple, ils critiquent :
– Une organisation peu propice au changement ;
– Une modernisation trop lente ;
– Des fonctions bénévoles généralement indemnisées ;
– Un ordre qui empiète sur le champ syndical ;
– Des comptes souvent incomplets et insincères ;
– Un patrimoine mal comptabilisé et sous-estimé ;
– Des ressources incomplètement retracées ;
– De sérieux manquements dans la tenue des comptes locaux ;
– Des dépenses mal contrôlées ;
– Des politiques d'achat et de gestion immobilière peu rigoureuses ;
– Une gestion des ressources humaines peu encadrée ;
– Une absence de contrôle de l'actualisation des compétences des médecins ;
– Un bilan en demi-teinte du contrôle de l'insuffisance professionnelle des médecins ;
– Un contrôle hétérogène des contrats entre médecins et avec l'industrie ;
– Une faible implication de l'Ordre des médecins dans l'accès aux soins ;
– Un manque chronique de rigueur dans le traitement des plaintes ;

– Des absences de poursuites disciplinaires qui suscitent des interrogations ;
– Etc.

J'ajoute, pour être tout à fait honnête, que le Conseil national de l'Ordre (des médecins donc) a contesté de nombreux aspects de ce contrôle : il a exprimé son « profond désaccord » sur l'analyse de la Cour des comptes et regretté la manière dont ce contrôle s'était déroulé, « qu'il s'agisse de la durée de la procédure, de la fuite d'informations dans la presse [...] ou de la non prise en compte d'un très grand nombre de réponses de l'Ordre ». Bon, ça c'est dit !

L'Ordre a annoncé du coup qu'il était soucieux de poursuivre sa modernisation et qu'il mettrait en œuvre « certaines mesures correctives », recommandées par ladite Cour.

Voilà qui semble traduire une certaine ouverture d'esprit face aux critiques. Il faut du moins l'espérer...

Maintenant qu'on a listé les médecins nommés par l'État ou vus comme des références, qui ont donc l'oreille de l'Élysée en cette période de crise, sachez qu'il y en a aussi de nombreux autres qui agissent pour le bien commun. Bon, ils ne sont pas écoutés, mais ils le font et ça, c'est déjà formidable !

Ancien vice-président et directeur scientifique de Pfizer pendant seize ans, le docteur Mike Yeadon affirme en septembre 2020 sur une radio anglaise que « plus de la moitié des tests PCR positifs sont susceptibles d'être faux, potentiellement tous[39] ». Pourquoi dit-il ça ? Parce que pour avoir les résultats d'un examen, on fait ce qu'on appelle des cycles. En temps normal, pour trouver la présence d'un virus chez un patient, on fait entre 35 et 40 cycles, et ça, c'est ce que la Haute Autorité de santé préconise[40]. À la fin des cycles, on émet le diagnostic – patient infecté ou pas. Je redis que c'est ainsi, avec ce nombre de cycles, qu'on détecte à travers la planète tout virus, et de tout temps. Sauf pour le coronavirus. Là, « les tests pratiqués réalisent entre 40 et 45 cycles », et ce n'est pas moi qui le dis mais le Conseil scientifique.

Qu'est-ce qui explique qu'on fasse plus de cycles sur ce virus précisément[41] ? « Les recommandations des fournisseurs », entendez : les laboratoires… ceux qui ont intérêt, pour éclaircir encore un peu plus les choses, à ce qu'on trouve absolument du virus. Comme ça, on revient se faire tester dans quelques jours et puis encore après pour voir s'il reste des traces du germe, etc. Plus de gens qui se font tester = plus de tests vendus = des sous pour les labos, pour dire les choses encore plus nettement.

Pourquoi le docteur Yeadon a-t-il par ailleurs raison de dire que les tests PCR pour la Covid sont donc possiblement faux ? Parce que multiplier les cycles de détection donne à voir des fragments minuscules d'infection, qui sont, de l'avis de la majorité des médecins, négligeables. En clair, les tests actuels vous révèlent positif si vous avez été infecté mais ne développerez jamais aucun symptôme et n'êtes plus du tout contagieux. 90 % des personnes aujourd'hui testées et recensées comme contaminées ne portent donc, selon lui, pratiquement aucun virus, comme le révèle une enquête du *New York Times* du 29 août 2020.

Des médecins qui vont en sens inverse du vent, il y en a des centaines, que dis-je, des milliers d'autres à travers le monde. Énormément, donc, à dire que le gouvernement nous balade, s'emballe, cède face à la panique, voire ment. Je ne les cite pas tous parce que je sais qu'ils souffrent d'être étiquetés « complotistes tarés et menteurs patentés[42] », comme l'a aimablement écrit le journal *Libération* pour ne faire référence qu'à ce titre.

Je finirai ce chapitre par des chiffres. Des chiffres officiels de l'Insee, comme ça personne ne pourra les contredire :

En 2019, il y a eu 613 243 décès en France.

En 2020, il y en a eu 658 000.

Par une soustraction simple, on voit qu'il y a 44 757 morts en plus, en un an[43].

J'ai maintenant une question : le 31 décembre 2020, Santé publique France annonce 64 632 décès Covid. Alors, on a un problème ou pas ? Certains morts déclarés Covid seraient-ils en réalité morts d'autre chose ?...

J'ajoute, avant de passer à la grande question du moment (les vaccins !), qu'en effet nous sommes face à une pandémie, et il n'était pas utile de gonfler les chiffres et de créer la panique. Nous aurions pu dire calmement les choses telles qu'elles sont : le coronavirus est nouveau, il tue des gens et c'est évidemment dramatique, mais il n'est pas l'unique cause de l'augmentation des décès en France. La mortalité enfle chaque année depuis 2010 en France, et ce pour des raisons simplissimes : nous sommes passés de 40 millions d'habitants après la Seconde Guerre mondiale à 67 millions actuellement, ce qui entraîne mécaniquement une hausse des décès annuels.

Que nous réserve l'avenir désormais ? C'est ce que nous allons voir.

3

Recherche vaccins désespérément

D'abord une mise au point : ce n'est pas parce que je signale les limites du remède qu'on nous présente comme infaillible, que je suis, comme on dit, un anti-vaccins. Bien au contraire !

Entre 2001 et 2016, j'ai d'ailleurs été président de la Commission des maladies transmissibles au Conseil supérieur d'hygiène publique de France (CSHPF), qu'on appelle aujourd'hui Haut Conseil de la santé publique (HCSP). Cette commission supervisait le Comité technique de vaccinations, dont j'ai aussi été président pendant plusieurs années.

Et entre 2007 et 2016, j'ai été membre du conseil d'experts sur la politique vaccinale en Europe à l'OMS, puis coprésident de ce groupe. Je ne refuse donc pas du tout ce qui est souvent un progrès.

Sauf que… ce qu'on nous injecte contre la Covid n'est pas tout à fait un vaccin, mais plutôt une thérapie génique. Je m'explique : un vaccin, dans le *Larousse*, c'est une « substance d'origine microbienne qui, administrée à un individu ou à un animal, lui confère l'immunité à l'égard de l'infection déterminée par les microbes mêmes dont elle provient et parfois à l'égard d'autres infections ». Traduction : on vous injecte le virus inactivé et ça vous soigne.

Une thérapie génique, toujours dans le *Larousse*, c'est la « méthode thérapeutique utilisant les gènes et l'information dont ils sont porteurs pour traiter une maladie génétique ou pour modifier un comportement cellulaire ». Simplification : on vous injecte des acides (nucléiques) qui provoqueront la fabrication d'éléments du virus par vos propres cellules.

Voici maintenant ce que le Criigen, le Comité de recherche et d'information indépendantes sur le génie génétique, dit dans un rapport récent de septembre 2020 : « Le recours à des vaccins délivrant du matériel génétique viral (ADN ou ARN) est nouveau ou récent. L'utilisation de virus génétiquement modifiés comme vecteurs, notamment à des fins de thérapie génique [...], a montré à quel point les effets indésirables sont variés, non maîtrisés et peuvent être graves [...] les échecs de la thérapie génique depuis près de trente-cinq ans sont là pour nous le rappeler. Ces échecs s'expliquent en grande partie par la recherche du scoop au détriment de l'efficacité et/ou la biosécurité. Une telle démarche ne permettra jamais de répondre à l'attente et aux besoins en termes de soin[1]. »

Pour dire les choses simplement : un vaccin élaboré en un temps record présente inévitablement, comme toute nouveauté, quelques risques. Cela n'a rien de scandaleux en soi, il suffit de l'admettre plutôt que de traiter de dingues ceux qui osent tout mettre sur la table !

Qu'à cela ne tienne, le 20 novembre, Pfizer et BioNTech demandent une autorisation d'utilisation d'urgence à la FDA (Agence américaine du médicament) pour leur vaccin[2], et voilà ce qu'on peut lire, dans le document du labo : « La demande comprend les données de sécurité et d'efficacité d'un essai de phase 3 randomisé, en double aveugle et contrôlé par placebo chez environ 44 000 participants. » Jusque-là, tout va bien, ils font les choses comme il faut.

Continuons la lecture de ce passionnant document curieusement passé inaperçu : « Parmi les événements indésirables non graves, il y avait un déséquilibre numérique de quatre cas de paralysie de Bell dans le groupe vaccin par rapport à aucun cas dans le groupe placebo », dit encore le rapport. J'indique tout de même qu'on parle ici d'une paralysie des muscles d'un côté du visage.

« Les analyses d'efficacité ont suggéré un bénéfice du vaccin dans la prévention de la Covid-19 sévère, dans la prévention de la Covid-19 après la première dose et dans la prévention de la Covid-19 chez les personnes ayant déjà été infectées [...], bien que les données disponibles pour ces critères de jugement n'aient pas pu permettre des conclusions fermes. » Pas de conclusions fermes ? Ah, bon...

La FDA délivre, malgré une étude partielle, truffée de résultats non confirmés, l'autorisation demandée par le labo. Et voici maintenant comment l'autorité américaine la justifie[3] :

« La totalité des données disponibles fournit des preuves claires que le vaccin Pfizer-BioNTech Covid-19 peut être efficace dans la prévention de la Covid-19 » ; peut ? Pas sûr, donc.

« Les données ne sont pas encore disponibles pour informer sur la durée de la protection que le vaccin offrira » ;

« À ce jour, seul un petit nombre de cas graves sont survenus au cours de l'étude, ce qui rend difficile d'évaluer si le vaccin réduit la gravité de la Covid-19 » ; difficile d'évaluer ? Rassurant...

« Les données disponibles suggèrent que les personnes précédemment infectées peuvent être à risque de Covid-19 [cas de réinfection] ». Ce que la FDA est en train de dire, c'est que le vaccin Pfizer n'empêche peut-être pas non plus de retomber malade du coronavirus. Formidable !

« Bien que l'on espère que ce sera le cas, la communauté scientifique ne sait pas encore si le vaccin Pfizer-BioNTech Covid-19 réduira cette transmission. » Voilà, pour dire les choses succinctement : on n'est pas non plus sûr que le vaccin empêche la contagion, mais on y va !

L'Agence européenne du médicament (EMA – European Medicines Agency) emboîte le pas et autorise le remède Pfizer sur notre continent, sans informations plus concluantes. Le 21 décembre, on peut notamment lire dans la décision de l'Agence : « Les données sur les personnes immunodéprimées sont limitées. Bien que les personnes immunodéprimées puissent ne pas répondre aussi bien au vaccin, il n'y a pas de problème de sécurité particulier. » On peut avoir plus de détails ? « Les personnes qui ont une réaction allergique sévère lors de l'administration de la première dose ne doivent pas recevoir la deuxième dose[4]. » Comme on sait qu'il faut deux doses pour être immunisé contre le virus, ça veut dire qu'une bonne partie de la population n'aura aucune protection. Or « 20 % des enfants à partir de 9 ans et 30 % des adultes sont concernés par des allergies en France », révèle le Réseau national de surveillance aérobiologique (RNSA) le 29 mai 2020.

Regardons maintenant ce que la Haute Autorité de santé dit, elle aussi le 24 décembre 2020, du vaccin Pfizer, l'un de ceux qu'on utilise largement en France contre la Covid :

« La HAS insiste sur le fait que l'essai de phase 3 devra être poursuivi afin de pouvoir disposer de données d'immunogénicité, d'efficacité et de tolérance à plus long terme. Elle souhaite être informée des résultats des études mises en place dans le cadre du Plan de gestion des risques (PGR) et encourage également la mise en place d'études post-autorisation. »

« L'efficacité sur la transmission virale n'a pas été évaluée. »

« L'administration du vaccin pendant la grossesse n'est pas conseillée. »

« L'efficacité vaccinale n'a pu être évaluée chez les jeunes de moins de 16 ans. »

« La HAS recommande des études complémentaires pour vérifier l'efficacité du vaccin chez les plus de 75 ans[5]. »

On se rappelle qu'Olivier Véran déclare le

21 janvier au JT de TF1 que l'objectif du gouvernement est de vacciner 70 millions de personnes, « c'est-à-dire la totalité de la population française[6] ». Ça nous arrangerait qu'il lise les études avant de vacciner tout le monde quand même...

Là où ça devient encore plus intéressant, c'est quand les labos eux-mêmes disent ne pas savoir si leur vaccin fonctionne. Le 23 novembre dernier, Tal Zaks, médecin-chef de Moderna (l'autre vaccin qui inonde la France), déclare sur HBO : « Je pense qu'il est important de ne pas changer de comportement uniquement sur la base de la vaccination[7]. » Je traduis : on ne sait pas si notre machin marche. En attendant, ne changez rien ! C'est troublant et ça passe comme une lettre à la poste.

La vraie question, la seule d'ailleurs à mes yeux, est celle-ci : pourquoi est-ce que les autorités sanitaires du monde se jettent-elles sur un « vaccin » dont on ne sait pas précisément à quoi il sert ? Plusieurs explications possibles.

L'EMA n'est pas indépendante de Big Pharma ? Un audit de la Commission européenne en 2009 l'avance. C'est confirmé par un rapport de la Cour des comptes européenne en 2012. Du coup, l'Agence décide de publier les déclarations d'intérêts de ses collaborateurs sur son site internet, puis, comme le révèle une enquête du *Figaro* du 2 janvier 2021 : « Depuis 2015, elle publie chaque année un rapport sur les mesures mises en place pour assurer son indépendance. Dans le dernier en date, on apprend que, sur les 4 010 experts employés [...], 539 avaient un ou plusieurs liens d'intérêts directs avec l'industrie pharmaceutique, et 387 des liens indirects. » « Avoir des liens avec des firmes pharmaceutiques influence l'opinion sur les médicaments en leur faveur », dit Bruno Toussaint, directeur de la revue médicale *Prescrire*. Je ne l'aurais pas mieux dit.

Autre fait sur lequel on passe souvent un peu vite : le pantouflage. C'est, pour dire les choses simplement, le fait de bosser pour l'État, puis pour une boîte privée, puis à nouveau pour l'État, puis encore dans le privé, etc. Thomas Lönngren, directeur exécutif de l'Agence entre 2000 et 2010 par exemple, intègre NDA Ltd, une société de lobbying au service des laboratoires pharmaceutiques le lendemain de son départ de l'EMA. « Ces allers-retours ne sont pas non plus étrangers à la nouvelle directrice exécutive de l'EMA, Emer Cooke. Après avoir commencé sa carrière dans l'industrie pharmaceutique en Irlande dans les années 1980, elle a rejoint l'Agence irlandaise du médicament. Elle a ensuite été directrice des affaires réglementaires de la Fédération européenne des industries et associations pharmaceutiques, un lobby qui officie à Bruxelles, avant d'occuper différents postes à la Commission européenne et à l'EMA », révèle *Le Figaro*. J'ajoute que 86 % des fonds de l'EMA en 2020 proviennent de Big Pharma[8]. Peut-on vraiment parler d'indépendance dans ces conditions ?

Évidemment, on pourrait dire que ce n'est pas grave en soi que les hautes autorités obéissent aux labos, puisque ces derniers agissent dans l'intérêt des patients. On est tous d'accord là-dessus ? Aïe !

Pas la Chambre des communes (le Parlement britannique) qui dit dans un rapport de 2005 : « L'industrie pharmaceutique trahit systématiquement ses responsabilités à l'égard de la population et des institutions. » Est-ce tout ? Non. « Les grandes firmes se sont de plus en plus focalisées sur le marketing, bien plus que sur la recherche [...]. C'est elle [cette industrie] qui définit les programmes et la pratique médicale. »

Une Commission spécialisée chargée d'enquêter sur la moralité de la vie publique européenne dit quant à elle dans un rapport de 2014 que « dans le secteur de la santé [...] la vulnérabilité à la corruption est généralisée, en ce qui concerne notamment les marchés publics et l'industrie pharmaceutique[9] ».

Enfin, en 2017, un rapporteur de l'ONU déclare à la tribune : « Dans de nombreux pays, la santé est l'un des secteurs les plus corrompus[10]. »

Et du côté de l'OMS, vous savez, cette instance qui dit au monde entier quoi faire en matière médicale, eh bien ce n'est pas mieux ! Voici ce que dit le dernier rapport du Conseil de l'Europe : « De graves lacunes ont été identifiées en ce qui concerne la transparence des procédures de décision liées à la pandémie, ce qui soulève des préoccupations sur l'éventuelle influence que l'industrie pharmaceutique aurait pu exercer[11]. » Même si on vient de comprendre que Big Pharma influence un peu plus tous les jours le monde médical, que cela ne vous inquiète pas. Soigner est leur raison de vivre !

Ah zut ! Pfizer est condamné à payer 1,6 milliard de dollars d'amende en 2009 pour mettre fin aux accusations de « promotion illégale de certains produits pharmaceutiques ». L'entreprise est encore condamnée à payer 99 millions d'euros en 2016 par l'autorité britannique de la concurrence pour être responsable d'une envolée du prix d'un traitement de l'épilepsie dans des proportions qui ont atteint 2 600 %…

Novartis, Roche et Genentech, autres laboratoires prestigieux, doivent également rendre des comptes : ils sont sommés de régler 444 millions d'euros d'amende par la France, cette fois pour pratiques abusives[12].

Tiens, Johnson & Johnson aussi ! Le labo versera 1,62 milliard d'euros au gouvernement américain pour « promotion pour des usages non approuvés comme sûrs et efficaces par l'autorité américaine des médicaments (FDA)[13] » et pour avoir payé des rémunérations contestées « à des médecins et à des pharmaciens ». Tout cela pour favoriser la vente de trois médicaments… Vous vous souvenez que la France va soigner avec leur vaccin anti-Covid ?…

AstraZeneca, le troisième labo, retenu en février 2021 pour diffuser son vaccin chez nous, a pour sa part été condamné par la Commission européenne en 2005 à payer 60 millions d'euros d'amende[14]…

J'ajoute, pour enfoncer le clou, ces mots de Michael Pearson, alors PDG de Valeant Pharmaceuticals International, une firme canado-américaine : « Ma responsabilité principale est envers les actionnaires[15] » (le 28 mai 2014 sur CNBC, une chaîne de télévision américaine).

Voilà, voilà. Maintenant qu'on connaît un peu mieux le fonctionnement de Big Pharma, une industrie dont le but est de faire de l'argent – ce qui n'a évidemment rien de répréhensible en soi –, la seule question est : par quels moyens ? Dans le contexte survolté dû à l'épidémie, il est normal, nécessaire même, de s'interroger : les laboratoires auraient-ils embelli la mariée (leur vaccin miracle en d'autres termes) ? Voyons voir…

Le docteur Michael Yeadon, ancien chef du département de recherche sur les maladies respiratoires chez Pfizer, et le docteur Wolfgang Wodarg, pneumologue et ancien chef du département de santé publique, protestent le 1er décembre 2020 auprès de l'EMA (Agence européenne des médicaments donc), et demandent la suspension immédiate de toutes les études sur le vaccin[16]. En particulier l'étude BioNtech/Pfizer. Et voici maintenant comment ils motivent leur cri d'alerte : « Sur la base des nombreux tests PCR de qualités très différentes, ni le risque de maladie ni un éventuel bénéfice du vaccin ne peuvent être déterminés avec la certitude nécessaire, c'est pourquoi tester le vaccin sur l'homme est en soi contraire à l'éthique. »

Le 13 décembre, les deux experts demandent aussi à la FDA (l'équivalent américain de l'EMA) de suspendre l'autorisation d'utilisation d'urgence du vaccin Pfizer jusqu'à ce que son efficacité soit confirmée[17]. Ces demandes sont à l'étude. Faut-il rappeler qu'il s'agit de spécialistes reconnus, dont l'un a exercé les plus hautes fonctions… chez Pfizer ?!

Le 17 janvier, l'Agence norvégienne du médicament déclare 33 morts suite à l'injection du vaccin Pfizer[18]. Ils ont tous en commun d'être âgés et fragiles. « Pour ceux qui ont de toute façon une durée de vie restante très courte, le bénéfice du vaccin peut être marginal ou sans importance », estime ainsi l'institut norvégien. En voilà une information ! Un autre témoignage : « Si vous êtes très frêle, vous ne devriez probablement pas être vacciné », dit le docteur Steinar Madsen. Sa fonction ? Directeur médical de l'agence norvégienne. Cela fait pas mal de questions quand même, non ?

Bah non, en fait ! « Le nombre d'incidents jusqu'à présent n'est pas alarmant et conforme aux attentes[19] », dit l'Agence norvégienne du médicament en janvier, phrase reprise par le labo Pfizer dans un communiqué cité par Bloomberg le jour même. Donc tout va bien, surtout si c'est le labo qui le dit… Les 33 morts représentent 0,06 % de la population vaccinée avec une première dose, déclare l'institut de santé publique.

Décidément, ILS n'ont toujours rien compris !

Donc je résume : la Covid tue 0,05 % de la population et le vaccin Pfizer 0,06 ? Voilà encore une donnée qui peut nous intéresser.

Enfin, sachez que l'enquête approfondie sur les 33 morts est réalisée conjointement par les autorités sanitaires du pays et le labo.

On passe à Moderna. Le labo admet le 3 janvier dernier que son vaccin est un « *operating system*[20] ». Mieux vaut ne pas traduire, de toute façon, vous avez compris l'esprit !

Au tour d'AstraZeneca. Le 26 novembre dernier, le labo anglo-suédois avoue avoir « oublié » de mentionner au public une erreur commise lors des essais cliniques de son vaccin contre la Covid[21]. Rien de grave, aucune conséquence sur l'efficacité de la dose, assure-t-il, juste une erreur de dosage. Juste une petite erreur, voilà qui est réconfortant, non ?

Le 9 septembre dernier, Astra avait par ailleurs annoncé faire une pause dans les essais de son vaccin, après l'apparition d'une « maladie potentiellement inexpliquée[22] ». Bon, on va dire qu'il n'y a quand même pas à s'en faire, et puis de toute façon, la France en a commandé 28 millions de doses, on ne va pas gâcher !

Allez, il est temps de se pencher sur les contrats que les labos ont signés avec les pays. Pas qu'on craigne qu'il y ait un loup, on a, comme sur tout le reste, entièrement confiance en Big Pharma. Mais on regarde quand même.

L'Europe a signé six contrats avec six labos différents[23] et voici ce qu'il y a dans chacun des contrats, concernant la responsabilité juridique des fournisseurs – ah c'est la faute à pas de chance : on n'a pas le droit de les consulter ! Ils sont tous confidentiels… sauf celui de Curevac, et celui d'AstraZeneca. Ce dernier accepte de le montrer le 29 janvier dernier[24] (enfin !) sauf qu'on a du mal à lire, c'est quasiment tout noir… la photocopieuse du labo doit être vieille…

Celui de Curevac en revanche, on peut le lire, mais pas en entier[25]. Beaucoup de zones sont masquées par de grands bandeaux noirs. Ce n'est pas grave, j'ai quand même trouvé ça : « La Commission, au nom des États membres participants, déclare que l'utilisation des produits livrés […] ou des bons de commande de vaccins se fera dans des conditions épidémiques nécessitant une telle utilisation, et que l'administration des produits sera donc effectuée sous la seule responsabilité des États membres participants. »

Traduction : si toi, pays, tu décides de vacciner avec mon produit et qu'on voit qu'il ne marche pas, c'est toi qui seras jugé responsable ! On aurait pu comprendre un partage des risques mais une clause protectrice de ce niveau, c'est simplement ahurissant ! Qui s'en est indigné chez nous ?

Un peu plus loin, le contrat est encore plus incroyable : « Chaque État membre participant indemnisera et dégagera le contractant, ses affiliés, sous-traitants et sous-licenciés, y compris les partenaires contractuels impliqués dans la recherche, le développement (y compris les essais précliniques et cliniques), la fabrication et/ou livraison ; et les dirigeants, administrateurs, employés et autres agents, représentants et prestataires de services de chacun [...] pour la responsabilité encourue et normalement supportée par eux concernant les préjudices, dommages et pertes [...] découlant de l'utilisation et du déploiement des produits fournis à l'État membre participant (ou à une autre entité désignée par cet État membre participant) [...] quel que soit le moment où les pertes se produisent. »

Traduction : toi, France, petit pays inquiet, tu décides de vacciner avec mon produit ? Très bien, mais voilà que si ça ne marche pas, eh bien c'est toi qui endosses toutes les responsabilités et qui indemniseras les victimes !

C'est une première, cette déresponsabilisation totale des labos. Ça porte un nom : l'impunité.

Ça devrait en porter un autre : la lâcheté. Ou l'inacceptable.

La France, comme le reste des pays de l'Union européenne, a validé ces contrats, signé ces clauses. Pas le choix, diront les bien-pensants et les amis des labos ? Et pourtant si ! D'autres pays même moins puissants ne se sont pas laissé impressionner.

Madagascar refuse les vaccins. Le 26 novembre dernier, la porte-parole du gouvernement déclare à l'antenne de RFI : « Nous ne nous positionnons pas encore par rapport au vaccin. En d'autres termes, nous ne nous inscrivons pas sur la liste des pays futurs bénéficiaires [...]. Nous attendons de voir d'abord son efficacité dans les pays qui l'utiliseront en premier[26] », conclut-elle.

La Suisse, qui fait partie des acheteurs de vaccins, inocule au compte-gouttes. En janvier, le pays a piqué 3 400 personnes. Claire-Anne Siegrist, directrice du centre de vaccinologie des hôpitaux universitaires de Genève, surnommée « la papesse du vaccin » en Suisse, explique dans l'émission « Complément d'enquête » du 5 novembre 2020 : « La règle générale c'est qu'on récolte les données pendant six mois de suivi, tout le monde n'est pas vacciné le même jour, donc la dernière personne vaccinée doit avoir été suivie pendant encore six mois, avant qu'on estime qu'on a toutes les données pour faire un bon dossier consolidé. » Elle ajoute : « Je suis un peu étonnée de ces sondages qu'on fait maintenant, quand j'entends que 50 % des gens disent “Ah oui, moi je prendrai le vaccin demain”. Pas moi ! Parce que je suis une scientifique et je n'ai pas encore vu les chiffres ! Donc moi, j'ai besoin de savoir qu'est-ce que vont vraiment faire ces vaccins en bien et en effets secondaires. »

Personnellement, je ne comprends pas les craintes de cette personne. Les études existent, et il est clair que les effets secondaires sont rares et minimes, non ? Bon d'accord, elles n'ont pas été réalisées par les autorités mais par les labos. Mais moi j'ai confiance. Pas vous ?

Pour en terminer, regardons comment la classe politique réagit à cette situation.

De nombreuses personnalités se font vacciner dans le monde : les ex-présidents américains Barack Obama, Bill Clinton, George Bush, et l'actuel, Joe Biden, le Premier ministre israélien Benyamin Netanyahou, le président du gouvernement espagnol Pedro Sanchez, la reine d'Angleterre aussi. Le but ? Prouver que le vaccin est sûr. Je m'arrête une seconde pour dire que la reine, de toute façon, nous enterrera tous, vaccin efficace ou pas ! Je rappelle qu'elle est là depuis bientôt cinq siècles ! Bref, les dirigeants du monde entier donnent l'exemple. Et nous en France ? Aussi. Mais l'exemple inverse.

Dans la catégorie « Même pas en rêve j'y vais », on commence par :

François Baroin : « Alors, moi, j'ai un problème, je suis hypocondriaque, je me méfie de tout, y compris des vaccins. » Oh la belle excuse !

Nicolas Dupont-Aignan : « Je ne me ferai pas inoculer ce vaccin ARN. »

Marine Le Pen : « Je préfère attendre un vaccin traditionnel [...]. On n'a pas de recul sur ces vaccins-là. »

Jean-Luc Mélenchon : « On a tous découvert ce qu'étaient les ARN messagers, on croise tous les doigts pour que ce soit la bonne idée, mais en attendant on n'en est pas sûr. »

Conclusion : l'opposition dans son entier (ou presque) a autant envie de se faire vacciner que de se repasser en boucle les discours de Jean Castex !

Dans la catégorie « Trop de chance, ce n'est pas mon tour », on a :

Valérie Pécresse : « Je me ferai vacciner. S'il faut convaincre, s'il faut rassurer, je pense que c'est important que des personnes politiques montrent qu'elles ont confiance. »

Anne Hidalgo qui, paraît-il, aurait dit qu'elle ira, selon *Le Parisien*.

Olivier Faure, le chef de feu le PS, l'aurait également déclaré au *Parisien*, mais aucune preuve de ça.

Gabriel Attal : « Si on le faisait en premier sans respecter les recommandations, on se ferait interroger sur "finalement est-ce que vous ne vous servez pas avant les autres ?". »

Roselyne Bachelot : « Je me ferai vacciner... si je suis dans le public prioritaire. Je ne demande pas de passe-droit, à mon tour je me ferai vacciner au moment prévu. » Bonne nouvelle : vous avez 75 ans depuis le 24 décembre, vous êtes donc prioritaire ! Allez, on y va !

Emmanuel Macron : « Je ne vais pas du tout faire moi l'inverse de ce que je recommande pour la population [...]. Je le ferai au moment où ça a du sens. »

On finit par Olivier Véran : « Faut-il qu'un élu se fasse vacciner au titre de l'exemplarité ? Pour moi, l'exemplarité, c'est d'attendre son tour. » Le ministre ne semblait pas pressé ? Pas du tout. Il attendait simplement l'occasion. De se protéger mais aussi d'apparaître auprès des Français comme le type sympathique qu'il est manifestement. C'est le 8 février dernier que l'opération a eu lieu sous l'œil de la presse écrite mais aussi des micros et des caméras. Olivier Véran s'est donc laissé surprendre en train de se faire vacciner dans l'hôpital qu'il visitait.

Deux bémols : soucieux, manifestement, de se montrer à son avantage, il se met torse nu sans qu'on comprenne pourquoi ! Ensuite, il choisit le vaccin AstraZeneca dont la mise au point a été la plus laborieuse. Décidément…

Ah, j'allais oublier Xavier Bertrand qui a déclaré qu'il le fera, « parce que je n'oublie pas que nous sommes le pays de Pasteur ». Quel rapport ?

J'ai gardé le meilleur pour la fin : Jean Castex justement, notre Premier ministre, en première manche, avait bien tenté, comme tous ses copains, de filer sa place à d'autres : « Je me serais volontiers fait vacciner dès le début de la campagne, au titre de l'exemplarité. Mais je ne voudrais pas que ce soit interprété comme un passe-droit par rapport aux priorités établies par la Haute Autorité de santé », a-t-il dit.

Mais un article du *Parisien* du 6 janvier 2021 est paru depuis : « Jusqu'à présent, les ministres et le chef de l'État ne souhaitaient pas être vaccinés parmi les premiers de peur que cela soit considéré comme un passe-droit. Mais une réflexion est désormais en cours au sein de l'exécutif, particulièrement pour Jean Castex. »

Bon, en même temps, on va pouvoir lui faire de longs adieux à notre Premier ministre ! Parce que le vaccin, il n'y en a pas assez, et puis même s'il arrive finalement avant qu'on y passe, ce sont les aiguilles qui manquent parfois, ou les seringues ! Donc il a encore de beaux jours devant lui, notre Premier ministre. Les courageux qui réécouteront ses discours accorderont une place particulière à celui du 13 janvier 2021 prononcé sans trembler dans le cadre solennel de l'Assemblée : « La France n'a pas à rougir de sa stratégie globale de lutte contre cette pandémie. »

4

Les traitements qui marchent

Depuis le début de la crise, la ligne gouvernementale est claire au moins sur ce point : « Tester, tracer, isoler. » Mais n'aurait-on pas oublié d'insérer « traiter » dans tout ça ? En fait, il n'y a pas de traitement, nous disent tous les ministres. La vérité oblige à dire que ce n'est pas tout à fait exact.

L'hydroxychloroquine (HCQ)

Elle déchaîne, chez nous particulièrement, les passions, je suis bien placé pour le savoir. Elle a cette année 200 ans. Elle est, avec la pénicilline, la molécule qui a sauvé le plus de vies dans le monde.

Le 24 juillet dernier, Harvey Risch, professeur d'épidémiologie à l'université de santé publique de Yale, auteur de 300 publications évaluées par ses pairs, écrit : « J'ai été déconcerté de constater qu'en pleine crise, je dois me battre pour un traitement soutenu pleinement par les données, mais qui pour des raisons n'ayant rien à voir avec une compréhension correcte de la science a été mis à l'écart. » Il dit plus loin, parlant toujours de l'hydroxychloroquine : « Lorsque ce médicament à prise orale, peu coûteux, est administré très tôt dans l'évolution de la maladie [...] il se révèle très efficace. » Il précise enfin : « Le 27 mai, j'ai publié un article dans l'*American Journal of Epidemiology* [...]. Cet article, publié dans la principale revue d'épidémiologie au monde, fait l'analyse de cinq études, démontrant des avantages clairs et significatifs pour les patients traités ; ainsi que d'autres très grandes études qui ont montré la sécurité du traitement[1]. »

Autres grandes études (car il y en a plusieurs contrairement à ce que répètent à la radio ou à la télévision nombre d'infectiologues) : celle venant d'Italie, l'étude Corist, qui révèle une réduction de 66 % de la mortalité chez les patients hospitalisés traités à l'hydroxychloroquine[2]. Notons d'ailleurs que, depuis, le Conseil d'État italien a de nouveau autorisé l'HCQ pour soigner la Covid[3]. C'était le 11 décembre dernier.

Revenons-en aux études qui montrent que le Plaquenil fonctionne. Celle venant de Belgique, parue dans l'*International Journal of Antimicrobial Agents*, révèle pour sa part une réduction d'un tiers de la mortalité[4]. En Espagne, les risques sont réduits de moitié pour les patients à haut risque des maisons de soins infirmiers. L'étude du Henry Ford Hospital System, parue en juillet dernier, dévoile un taux de mortalité de 13,5 % chez les patients à qui on a donné de l'hydroxychloroquine[5]. Au Brésil, le docteur Watanabe analyse une étude du Minnesota et constate en prise précoce « la réduction des résultats symptomatiques de 72 % au premier jour d'infection[6] ». En Chine, des médecins du Renmin Hospital de Wuhan mènent une autre étude encore, randomisée sur 62 personnes. La moitié a le traitement, l'autre un placebo. Quatre des patients n'étant pas soignés progressent vers une maladie sévère[7]. Aucun dans le groupe HCQ. Le docteur Zelenko à New York divulgue avoir divisé par cinq les hospitalisations et décès des patients âgés ou vulnérables[8]. Trois autres études internationales montrent ces réductions de la mortalité dans les Ehpad.

Pourquoi a-t-on interdit cette molécule ? À cause d'une étude parue dans *The Lancet*, revue médicale anglaise ô combien prestigieuse. Et qui dit que l'hydroxychloroquine ne marche pas le 22 mai 2020. Six jours plus tard, plus de 120 chercheurs écrivent au journal pour faire part de leurs inquiétudes quant aux méthodes utilisées pour parvenir à cette conclusion, et parlent de données manipulées.

Quinze jours après, trois des quatre auteurs de l'étude du *Lancet* se rétractent[9]. On apprend dans la foulée que le journal a pris ses informations auprès d'une boîte qui s'appelle Surgisphère. Que cette entreprise a fourni des données disparates, hétérogènes, issues de pays ayant des protocoles différents, qu'elle a mis tout ça dans un shaker et l'a balancé au *Lancet.* On apprend aussi, et là attention parce que c'est énorme, ça vient du journal anglais *The Guardian* : « Parmi les cinq employés sur la page LinkedIn de la société Surgisphère, fin mai, figuraient un auteur de science-fiction et un mannequin de charme[10] ! » Mieux : le fondateur de la boîte est le chirurgien Sapan Desai, et il fait l'objet de trois procédures aux États-Unis pour faute médicale[11] !

Mais le mal est fait. La campagne de sape pour discréditer l'hydroxychloroquine est lancée.

Olivier Véran et Jérôme Salomon bondissent sur l'affaire dont on sait désormais que c'est l'archétype de la *fake news* (l'information bidon). Le 23 mai, le lendemain de la publication de l'étude donc, le ministre de la Santé tweete : « Suite à la publication dans *The Lancet* d'une étude alertant sur l'inefficacité et les risques de certains traitements de la Covid-19 dont l'hydroxychloroquine, j'ai saisi le HCSP pour qu'il analyse et me propose sous 48 heures une révision des règles dérogatoires de prescription[12]. »

Le même jour, Jérôme Salomon demande un avis au HCSP pour le lendemain ! Avis qui bien sûr dit qu'il faut immédiatement arrêter d'utiliser l'hydroxychloroquine ! Et ne prend aucune autre étude que celle du *Lancet* en compte. Ah si pardon, celle du *New England Journal of Medicine*, qui publie lui aussi, avec les mêmes conclusions que le *Lancet*. Qu'il rétracte également, puisque là aussi c'est Surgisphère qui lui a filé ses données. On est dans un mauvais polar.

Le 5 juin, Sibeth N'Diaye avoue à Sud Radio : « Lorsque Olivier Véran a fait le choix de suspendre les essais cliniques sur l'hydroxychloroquine, il s'était appuyé sur un avis du HCSP, qui lui-même s'était appuyé non seulement sur l'étude du *Lancet*, mais également sur des études émanant du *New England Journal of Medicine*[13]. »

Le ministre de la Santé est-il revenu sur sa décision d'interdiction de l'hydroxychloroquine ? Jamais. A-t-il seulement reconnu s'être précipité sur des études ayant fait scandale ? Non plus. Il a persisté, et signé.

Et il a visiblement arrêté de lire les études qui

ont continué de s'enchaîner dans le monde qui disaient que le Plaquenil, ça marche si on respecte les conditions d'utilisation.

Le 29 juin, une étude portugaise[14] montre que les patients voient leur risque de contracter la Covid divisé par deux quand ils sont sous hydroxychloroquine.

Le 29 juin, la Fondation Henry Ford déclare que le taux de décès est diminué de 71 % en administrant la molécule, et qu'il n'y a aucun effet secondaire[15].

Le 30 juin, une autre étude[16], dans huit hôpitaux de New York, déclare elle aussi diviser par deux le nombre de décès, toujours sans effets secondaires.

Des analyses prouvant l'efficacité de l'HCQ, il y en a donc beaucoup.

Pourtant, les capitaines français ne braquent jamais le gouvernail dans une autre direction que celle choisie : on vous a dit non, c'est non ! Et pourquoi ? demandent certains médecins français (quelques milliers là aussi). Mais parce que vous pouvez notamment avoir de graves problèmes cardiaques ! disent le ministre de la Santé et sa joyeuse bande, Conseil scientifique compris.

Rien à faire que, là aussi, de nombreuses d'études affluent, prétendant le contraire avec des chiffres à l'appui, comme celle publiée par les

Belges dans l'*International Journal of Antimicrobial Agents* en mai dernier qui explique clairement : « Notre étude apporte un soutien supplémentaire à l'affirmation selon laquelle l'hydroxychloroquine n'est pas associée à un risque accru à court terme de cardiotoxicité[17]. »

L'hebdomadaire *Der Spiegel* révèle que l'Allemagne a divisé son nombre de morts par quatre, car là-bas les médecins traitent avec l'HCQ[18].

Les chiffres sur le sujet sont implacables : le Sénégal a 8 morts par million d'habitants, la Grèce 18 morts pour 1 million, contre 1 255 pour la France – 1 255, retenez ce chiffre –, quand on nous interdit d'utiliser le Plaquenil et pas eux ? Qui s'est ému de ces chiffres ?

L'urgentiste Patrick Pelloux se lâche le 3 avril 2020 dans l'émission « Télématin » sur France 2 : « Honnêtement je vais vous dire un truc, tous mes copains médecins qui ont été touchés par la Covid-19 ont pris de la chloroquine. » De ça aussi, tout le monde s'en fout ?

Et de savoir que la ministre des Armées, Florence Parly, commande 70 kilos de chloroquine en avril 2020 pour ses troupes, ce qu'elle est obligée de confirmer, car une vidéo montre les chargements le 24 du même mois, ça n'est pas troublant ?

Que le professeur Christian Bréchot, virologue

réputé, ancien patron de l'Inserm puis directeur général de l'Institut Pasteur, aujourd'hui à la tête de Global Virus Network, un réseau de recherche réunissant des meilleurs spécialistes du monde, soutienne Didier Raoult en disant le 18 avril 2020 à *Paris Match* : « L'hydroxychloroquine est une piste sérieuse. [...] le professeur Raoult a eu raison de bousculer le système car l'urgence est là. » On ne l'entend toujours pas ? Apparemment non.

Il y a eu bien d'autres études depuis, prouvant que la molécule ne fonctionnait pas. Et je vais de ce pas les mettre à terre en révélant ce que peut-être vous ignorez : jamais le protocole du chef de l'IHU de Marseille n'a été respecté. Il a toujours dit qu'il fallait donner l'HCQ en traitement précoce et qu'ainsi elle marchait. Or, en pratique, on l'a le plus souvent donnée en réanimation, quand de toute façon on ne pouvait malheureusement plus rien faire pour le patient. Les analyses révélant que le Plaquenil ne marchait pas ont été tronquées : mauvaises indications, mauvaises posologies, molécule donnée trop tard... Normal dans ces conditions qu'il soit difficile de se faire sereinement son opinion.

Pour finir sur une anecdote : fin décembre, une usine de chloroquine à Taïwan explose[19]. J'ai découvert l'explication : un pangolin qui a fait une mauvaise manip ! Tiens, je pourrais en faire un article. Et je le publierais dans *The Lancet* !

L'azithromycine

C'est un antibiotique, conseillé dans le protocole de Raoult, en plus du Plaquenil, pour guérir de la Covid, ce avec quoi je suis parfaitement d'accord.

On a là aussi des recherches, qui disent dans leur immense majorité que l'association de ces deux médicaments fonctionne. Preuve en est notamment avec cette étude, publiée sur EM Consulte (site référence des professionnels de la santé) en juin 2020[20] : « Soixante-huit patients tous âgés de plus de 65 ans et diagnostiqués PCR-positif pour la Covid-19 ont reçu l'association hydroxychloroquine/azithromycine entre le 27 mars et le 1er mai 2020. Les posologies étaient conformes au protocole de l'IHU de Marseille. Durant la période de l'étude, 7 patients sont décédés parmi les 68 patients étudiés. [...] Les autres patients ont été considérés comme guéris après disparition des signes cliniques vingt et un jours après le test PCR+. »

L'addition des deux molécules donne d'excellents résultats sur les personnes âgées, imaginez alors combien de locataires d'Ehpad on aurait pu sauver, et imaginez sur les plus jeunes. Pourtant, personne à la tête de l'État ou du Conseil scientifique n'a l'idée de travailler dans cette direction. Je n'aurai qu'une question : pourquoi tant d'aveuglement ?

Ajoutons pour la forme cette autre étude de trois médecins, rendue publique le 3 décembre dans l'*International Journal of Antimicrobial Agents*. Une étude réalisée sur des patients âgés ou vulnérables à New York, divisant par cinq les hospitalisations et décès.

Maintenant parlons du cas où on aurait voulu essayer l'azithromycine seule, pour lutter contre la Covid. Parce que cet antibiotique, également connu depuis longtemps, a peut-être autant de vertus que la chloroquine. Je dis « peut-être » parce que le Conseil scientifique (en charge de la pandémie, je le rappelle), n'a pas jugé bon de mener l'enquête. Donc on ne sait pas ce qui est le mieux des deux. Mais on sait de façon certaine en revanche que l'azithromycine fonctionne. Et ça, ce n'est pas non plus grâce à la fine équipe en charge de nous sortir de cette crise sanitaire.

Le docteur Gérard Maudrux, chirurgien et président de la CARMF (Caisse autonome de retraite des médecins de France), explique que, depuis que les généralistes ont interdiction de prescrire l'hydroxychloroquine, ils donnent de l'azithromycine[21]. Cent mille personnes sont traitées avec cet antibiotique et ce n'est pas moi qui le dis, mais l'assurance maladie. Ce qu'ajoute le docteur Maudrux, c'est qu'on a traité un établissement dans les Bouches-du-Rhône, et « fort de l'expérience de 1 000 patients traités avec succès », ça a été copié par d'autres médecins et la CPST (Communauté professionnelle territoriale de santé). En soignant les patients à domicile, de nombreuses hospitalisations ont été évitées. Il conclut, à raison, en disant que « cette expérience devrait être multipliée par 1 000 si on veut reléguer cette épidémie dans le passé ».

Le 11 avril, trois médecins racontent au journal *L'Est républicain* avoir traité 200 patients à eux tous, avec l'antibiotique en ambulatoire[22]. Résultat : pas d'hospitalisations, pas de décès.

Le 18 mai 2020, donc un mois plus tard, le HCSP constate que la prescription d'azithromycine a augmenté de 217 % en mars-avril, preuve donc que les médecins traitent en masse avec cet antibiotique[23]. Cependant, la DGS (Direction générale de la santé) dit : « La littérature scientifique n'apporte pas d'argument pour proposer la prescription d'azithromycine[24]. » La littérature non, puisqu'ils n'ont, je le rappelle, jamais demandé d'études, mais le terrain, si. On s'en moque apparemment royalement dans les hautes sphères.

Le 9 juin 2020, la Direction générale de la santé enfonce le clou du cercueil de l'azithromycine. La DGS « recommande, de manière générale, qu'aucune antibiothérapie ne soit prescrite chez un patient présentant des symptômes rattachés à une Covid-19 confirmée[25] ». Fin de partie.

L'ivermectine

C'est un antiparasitaire, un vieux médicament largement utilisé depuis 1987. L'OMS en dit beaucoup de bien : « L'Ivermectine est sans danger et peut être utilisée à grande échelle[26]. »

Trente-cinq études et 17 essais randomisés (c'est-à-dire faits dans les règles de l'art sur des patients traités d'un côté, non traités de l'autre) ont été réalisés depuis le début de la pandémie. Voici le résultat, visible sur le site internet https://ivmmeta.com : « 100 % des 35 études à ce jour rapportent des effets positifs. Le traitement précoce est plus efficace, avec une réduction estimée (de l'infection) de 84 % » ; « 100 % des 17 essais contrôlés randomisés (ECR) rapportent des effets positifs, avec une réduction estimée de 71 % ».

Le 8 décembre dernier, le docteur Pierre Kory, réanimateur américain, est entendu par le Sénat. Il vante l'Ivermectine comme « traitement miracle » de la Covid, ressort de l'hémicycle, dépité face au silence qu'on oppose à sa proposition d'utiliser ce médicament. Il déclare alors : « Je ne sais pas combien de temps je vais tenir en sachant qu'il va y avoir des morts inutiles à partir de maintenant, alors qu'il y a une solution immédiatement disponible[27]. »

En France, pendant des mois, de nombreux médecins, auxquels je m'associe, demandent à l'ANSM, l'Agence nationale de sécurité du médicament en France, de nous autoriser à prescrire l'Ivermectine, même de façon temporaire. Elle fait la sourde oreille. Jusqu'à ce que nous nous regroupions et, à plus de 500, nous saisissions le Conseil d'État pour la forcer elle, le ministre de la Santé et la Haute Autorité de santé à nous dire pourquoi, alors que de multiples études disent que la molécule guérit, nous n'avons pas en France le droit de l'utiliser pour soigner nos compatriotes.

Ah, cela n'a rien à voir bien sûr ; il se trouve juste que la boîte d'Ivermectine coûte 8,57 euros ; celle de Plaquenil, 4,17 euros et celle d'azithromycine, 9,44 euros. Le Remdesivir en revanche, c'est 1 970 euros le traitement. Et justement…

Le médicament qu'on voulait vous vendre

C'est un antiviral, créé par un grand laboratoire qu'on commence à connaître : Gilead. Il a été testé sur Ebola, le virus qui sévissait en Afrique, sans grand succès. Le 6 février 2020, au début de l'épidémie de coronavirus, les Chinois le testent sur 237 patients. Le labo a vendu que sa molécule éviterait des morts. C'est un four, aucune efficacité sur la mortalité. Gilead change son discours : les bienfaits de son médicament n'aident plus à rester en vie, mais raccourcissent la durée de récupération si on est infecté par la Covid. Pourquoi cette modification ? Parce qu'une autre étude se prépare, aux États-Unis cette fois, sur un millier de patients. Gilead attend les résultats en trépignant, car il veut convaincre la FDA, l'Agence américaine du médicament, de le laisser commercialiser son élixir. Donc ça les arrangerait bien d'avoir l'autorisation de mise sur le marché avant les résultats de l'étude.

Fin avril, des résultats intermédiaires tombent : on meurt sous Remdesivir, mais les patients sévèrement atteints qui de toute façon allaient survivre à l'infection récupèrent en dix jours au lieu de quinze. La FDA, pas méchante sur ce coup-là, donne son accord et délivre une autorisation d'urgence de mise sur le marché, on est le 1er mai 2020[28].

Pendant ce temps chez nous, Jérôme Salomon s'agite, poussant le HCSP à autoriser le Remdesivir. Il échoue, malgré l'appui à peine dissimulé de tous les médecins experts en conflits d'intérêts, y compris certains membres du Conseil scientifique.

Le 25 juin, l'EMA (Agence européenne des médicaments) accepte que le Remdesivir inonde le continent. L'autorisation de mise sur le marché comporte des astérisques : on ne pourra le donner qu'à certains patients, pas en réanimation, et on réévaluera tout ça dans un an[29].

Les deux autorisations décrochées, aux États-Unis et en Europe, Gilead est sur un nuage. Fin juin, il annonce son prix : 321 euros la dose[30], et comme il en préconise six, ça fait 1 970 euros la blague. La dose, à fabriquer, revient à 77 centimes, selon un collectif de chercheurs anglais, américains et australiens[31]. C'est ce qu'on appelle se faire une petite marge sympathique. N'oublions pas que Gilead bénéficie d'investissements publics, comprenez d'argent des États. Pour

58 millions d'euros, selon le cabinet américain Public Citizen.

Le 15 juillet dernier, Jérôme Salomon, à force d'entêtement, obtient l'autorisation d'utiliser du Remdesivir en France. Mais attention (et Dieu merci), elle est temporaire. Gilead saute de joie. Fin juillet, l'Europe commande 180 000 doses, au prix décidé par les philanthropes qui la dirigent. Aucune négociation, dans l'urgence de se procurer les précieuses fioles.

En parallèle, on teste le produit miracle dans un essai clinique répondant au nom de « Solidarity ». Quelques orages éclatent au-dessus de la molécule miracle, mais une étude étant secrète, le labo ne sait rien des décisions à venir. Sauf là ! Dans le contrat, bien sûr rédigé par les belles âmes du siège, il est écrit que si on teste le Remdesivir, Gilead doit avoir accès aux résultats avant tout autre, pour pouvoir donner son propre son de cloche (c'est le cas de le dire).

Pendant deux semaines, le labo a les résultats entre les mains. Ils sont catastrophiques. Le médicament n'a aucun effet sur la mortalité des malades, aucun non plus sur leur durée d'hospitalisation. Coïncidence, c'est pendant ces deux semaines que Gilead signe le contrat du siècle avec l'Europe : 3 millions de doses (à 321 euros l'unité, je le rappelle). J'allais oublier de dire que l'Union européenne, elle, n'a pas eu accès aux résultats de l'étude. Enfin, pas tout de suite, mais bien après que les contrats ont été signés.

L'étude paraît finalement et on découvre l'ampleur de l'opération. On se tourne vers le labo, et on demande des explications. Il répond que l'étude est mal faite, que leur bidule fonctionne pour aller vite. En gros : qu'on est des nuls, incapables d'évaluer leur produit génial !

Le 21 octobre dernier, Jérôme Salomon, qui avec le temps s'est fait étrangement discret, propose aux établissements de santé de leur donner le médicament[32]. Oui, pas vendre ou facturer : donner ! On a des stocks qu'on aimerait bien faire disparaître, en clair, donc venez vous servir, m'sieurs-dames ! Aucune communication officielle là-dessus évidemment, on fait tout ça en catimini.

Le mois d'après, l'OMS finit par trancher : elle déconseille le Remdesivir dans le traitement contre la Covid. Ce qui fait, j'imagine, une belle jambe aux actionnaires du labo, séjournant sans doute, au moment où je vous parle, sur une île paradisiaque. Grâce soit rendue aux décisions éclairées de nos gouvernants !

Les traitements dont on ne vous a jamais parlé

L'Artemisia

C'est une plante toute bête. Ça coûte 15 euros le sachet, c'est sûr que c'est moins chic que la dose à 320 euros, mais ça a l'avantage, certes insignifiant, de guérir. Elle est utilisée depuis toujours en Asie, notamment pour lutter contre le paludisme, et obtient des résultats spectaculaires. Entre 2000 et 2012, le taux de mortalité pour le paludisme chute de 45 %[33]. L'OMS dit à son propos : « Des plantes médicinales telles que l'*Artemisia annua* sont considérées comme des traitements possibles de la Covid-19, mais des essais devraient être réalisés pour évaluer leur efficacité et déterminer leurs effets indésirables[34]. » Je ne peux qu'être d'accord.

Le 20 avril dernier, Madagascar lance justement un essai, à sa manière. Le président en donne à tout le pays. C'est l'IMRA, l'Institut malgache de recherche appliquée, laboratoire de référence du continent africain, qui met au point le traitement, à savoir la tisane. J'en parle à la télévision. Certains médecins se disent perplexes (en des termes nettement moins courtois) à l'idée qu'une infusion aide à stopper une pandémie. Voilà donc de quoi leur ouvrir l'esprit :

Le 26 janvier 2021, la France a 74 250 morts. Madagascar en a 279. C'est là que mes détracteurs sont en droit de me dire, rigolards : Ah bon ? Mais qui donne ces chiffres, le président malgache ? Et c'est là que je réponds : Non, c'est Statista[35], un institut allemand de statistiques, d'études de marché, d'opinions et données, des plus sérieux.

Maintenant je peux ajouter les propos d'Andry Rajoelina, le chef d'État africain : Cette tisane est un remède à la fois « préventif et curatif contre la Covid-19. [...] Une nette amélioration de l'état de santé des patients ayant reçu ce remède a été observée en 24 heures seulement après la première prise. La guérison a été constatée après sept jours, voire dix jours. Ce remède est naturel, non toxique et non invasif », déclare-t-il le 11 mai 2020 lors d'une interview à France 24 et RFI.

Maintenant je peux aussi ajouter que la Chine a utilisé l'*Artemisia* en traitement complémentaire pendant l'épidémie de coronavirus (SRAS) de 2003[36]. Bilan d'alors : 349 morts. Aujourd'hui aussi les Chinois la prescrivent contre la Covid. Bilan au 25 janvier : 4 635 morts. Sur 1,4 milliard d'habitants... Je redonne le score français ou pas la peine ?

Maintenant je peux ajouter à tout ça l'étude de l'Institut Max-Planck de Potsdam en Allemagne[37]. Non, d'abord je dis que ce sont des médecins qui la réalisent, des virologues, des pharmacologues, pas des gars en pyjama, joint au bec. Et qui déclarent le 24 juin 2020 que l'*Artemisia* séchée est efficace en laboratoire contre la Covid.

Maintenant je peux aussi, pourquoi pas, dire que les plus grands labos et instituts de recherche du monde se sont toujours ouvertement intéressés à l'*Artemisia*, Sanofi par exemple et bien d'autres. Mais je vais m'arrêter là. J'ajoute simplement que des essais cliniques avec l'*Artemisia* ont été lancés aux États-Unis et au Mexique sur des patients atteints du coronavirus il y a quelques mois. Qu'on devrait avoir les résultats cet été et que rira bien qui rira le dernier ! Parce que je pense que cette plante agit sur la Covid. Je ne sais pas dans quelle mesure, le scientifique que je suis attend de lire des chiffres, mais tout laisse à penser qu'il y a là un espoir. Et vous savez quoi ? Si je me trompe complètement, je m'engage à faire mes excuses dans une déclaration télévisée en marcel rose à paillettes !

Pour finir de convaincre tous ceux qui me font passer pour un illuminé, je les laisse méditer cette phrase, prononcée le 11 mai dernier par le président de la République malgache : « Vous savez, la situation mondiale démontre aujourd'hui presque 300 000 morts, est-ce que cela nous permet d'ignorer une possibilité de traitement[38] ? » Tout est dit, et très bien dit.

La nigelle

On l'appelle aussi cumin noir. C'est une plante asiatique dont on extrait l'huile pour en faire un antiseptique. C'est ce qu'on appelle un remède traditionnel, c'est-à-dire vieux et à l'efficacité avérée.

Très rapidement après le début de l'épidémie de Covid, une cinquantaine de médecins, professeurs, cardiologues, chercheurs s'unissent pour lancer une étude sur la nigelle associée au miel. Pourquoi pensent-ils à mêler le miel à l'histoire ? Parce qu'il est aussi connu pour avoir des vertus, notamment cicatrisantes. Il favorise également la rétention du magnésium et du calcium dans le corps, entre autres. L'hôpital a d'ailleurs recours à l'apithérapie. Bref, l'essai est mené comme il faut, dans quatre établissements de soins médicaux au Pakistan[39]. Le 30 novembre, les résultats tombent : 82 % de réduction de mortalité Covid. L'étude reste bien sûr à confirmer, puisque je vous parle là d'une prépublication, mais c'est là aussi encourageant.

D'autres analyses ont été faites : États-Unis, Malaisie, Inde, Émirats arabes unis, Chine, Arabie saoudite, tous ces pays ont scruté les effets du mélange nigelle-miel, et tous arrivent à la conclusion que ça a des effets sur le coronavirus. Et évidemment de bons effets. L'équipe américaine dit notamment : « La graine de nigelle pourrait être une des meilleures sources de médicaments antiviraux. » Les Indiens disent : « Elle peut être utile dans le traitement de la Covid-19 et peut servir de candidat naturel potentiel[40]. »

Que tous ceux qui n'ont jamais entendu parler de la nigelle m'offrent un euro, que je m'achète mon propre hôpital !

Ainsi s'achève l'histoire d'un possible remède qui, à ce jour, n'a pas encore été proposé aux populations. Je ne dis pas qu'il aurait marché de façon certaine, mais je dis que c'est prometteur. Je dis qu'on doit, en période épidémique, tout essayer. Surtout quand on parle de remèdes qui ne coûtent rien ou presque. Parce que, en ce cas, tout le monde peut être sauvé.

Il est aussi du devoir des gouvernements de tout dire aussi en pleine épidémie.

Les choses qu'on ne vous a jamais dites

Jamais je n'ai entendu un homme politique, pire, un des médecins du Conseil scientifique dire sur une antenne qu'il est primordial, vital même, pour faire face à un virus, de renforcer ses défenses immunitaires. Je suis pourtant certain qu'ils en parlent en petit comité à l'occasion. Car il s'agit là du b-a-ba. Tout médecin sait qu'une maladie a plus de prise sur un corps fragile ou épuisé. 80 % des Français sont carencés en vitamines et minéraux.

C'est le cas de la vitamine D, insuffisante chez 8 Français sur 10.

D'innombrables études parues depuis la crise affirment que ceux qui font des formes sévères de la maladie en manquent. D'autres essais montrent que des patients à qui on a donné une grosse dose de vitamine D évitent la réanimation, contrairement à ceux qui ont des placebos. Elle est reconnue mesure de prévention par l'Académie de médecine, aussi.

En janvier dernier, le Conseil supérieur de la santé belge donne ses préconisations aux médecins pour lutter contre le virus : « Dans les catégories de population où la prévalence de la déficience en vitamine D est très élevée comme les personnes âgées institutionnalisées, les femmes enceintes, les personnes à la peau foncée, certains végétariens, etc., la vitamine D sera donnée d'office. »

Aucune autorité de santé française n'a parlé de ça. Un oubli sûrement.

La vitamine C ? Sur ça non plus, pas un mot en France. La Suisse, en revanche, avance sur ce terrain : « La société suisse de la nutrition recommande un supplément de 200 mg de vitamine C pour chacun – pour combler la lacune nutritive pour la population globale et particulièrement pour les adultes âgés de 65 ans et plus vieux. Ce supplément est visé pour renforcer le système immunitaire[41]. »

Une méta-analyse, c'est-à-dire une analyse qui en compile plusieurs, observe aussi que « le risque de pneumonie est sensiblement réduit avec la supplémentation de vitamine C ». La Covid-19 pour les cas graves étant une gigantesque pneumonie, vous avez compris…

Il y a aussi le zinc. Pas celui du bar en bas de chez vous, ça c'était l'ancien temps, mais celui que vous pouvez ingérer, pour mieux supporter l'infection si vous tombez malade. Oui, celui-là même dont on ne vous a jamais parlé, non plus. Alors que le 10 novembre paraît une préconisation du très sérieux Institut de la défense de physiologie et des sciences connexes d'Inde : « La stratégie doit se concentrer sur le renforcement du système immunitaire [...]. Le zinc est identifié comme l'un des oligo-éléments les plus essentiels pour répondre à cette proposition intéressante. La supplémentation en zinc peut aider au traitement et à la prophylaxie de la Covid-19[42]. » La prophylaxie étant les mesures qu'on prend avant d'être frappé par une quelconque maladie.

Le magnésium enfin. Dans le corps humain, il sert à tout, ou presque. Pour dire les choses sans tournicoter : ça ne sent pas bon si vous avez un taux faiblard.

Le 12 septembre 2020, une étude chinoise rendue par cinq médecins de l'université de Nankin fait cette recommandation : « Possibilité de supplémentation en magnésium pour le traitement de soutien chez les patients atteints de Covid-19[43]. »

Une étude américaine de l'université George-Mason de Virginie écrit le 10 juillet 2020 : « Des recommandations cliniques sont données pour la prévention et le traitement de la Covid-19. Une surveillance constante du statut du magnésium [...] peut être une stratégie efficace pour influencer la contraction et la progression de la maladie[44]. »

Il y a trois ans, les autorités françaises demandent une étude. Elle s'appelle SU.VI.MAX et elle révèle que 75 % des hommes et 77 % des femmes manquent de magnésium[45]. 2017 : campagne présidentielle d'Emmanuel Macron. Dans son programme (toujours visible sur le site d'En Marche), on peut lire : « Nous financerons des actions de prévention au titre des missions d'intérêt général dans les établissements de santé », puis un peu plus loin : « Nous évaluerons la qualité et la pertinence des soins, rendrons les informations totalement transparentes pour les usagers. »

On commence maintenant, monsieur le Président ?

5

Le pouvoir… de faire n'importe quoi

Un Français sur deux considère les démarches administratives comme un frein à l'entrepreneuriat. Un sur deux les trouve trop compliquées lors de son départ à la retraite. Plus d'un sur deux pour se loger, poursuivre des études supérieures, ou quand il cherche un emploi. 87 % renoncent à la rénovation énergétique à cause des formalités, 69 % abandonnent leurs projets d'agrandissement de maison pour les mêmes raisons et je pourrais continuer longtemps la liste des mécontents de l'administration.

Les causes de cette insatisfaction : la non-centralisation des services et pire, la non-concertation des départements entre eux. En clair : Vous voulez tel papier ? Il faudra d'abord remplir le formulaire machin, puis le formulaire truc, auxquels n'oubliez pas de joindre le justificatif et évidemment n'omettez pas de compléter les dossiers tartempion 1 et 2. Les formulaires sont à prendre (s'ils en ont encore) pour l'un au département dédié de votre collectivité (vous chercherez lequel), pour l'autre dans un organisme national (vérifiez les horaires d'ouverture). Le justificatif se demande en mairie aux bureaux 21 (ouvert entre 9 heures et 15 heures) et 190 (ouvert le mercredi après-midi), et pour les dossiers il faut s'inscrire sur Internet pour qu'on vous renvoie les dates de deux rendez-vous.

Vous l'aurez compris, la paperasse est le mal français, et ce qui est grave, c'est que personne n'y échappe, même pas lui…

Emmanuel Macron, pour gérer la crise Covid, est le référent de base. Ensuite, en renfort, il y a le Premier ministre et le ministre de la Santé. Normalement, on a déjà trois hommes capables de prendre des décisions sanitaires, d'autant que l'un d'entre eux, Olivier Véran, est quand même médecin.

On ajoute au socle, pour gérer la pandémie, les services existants qui conseillent l'État : Direction générale de la santé et autres services ministériels dévoués : DGOS (Direction générale de l'offre de soins), DGCS (Direction générale de la cohésion sociale), DSS (Direction de la sécurité sociale), CNAMTS (Caisse nationale d'assurance maladie des travailleurs salariés), ARS (18 agences régionales de santé en France), agence Santé publique France, ANSM (Agence nationale de sécurité du médicament et des produits de santé), Haute Autorité de santé, Haut Conseil de la santé publique (HCSP), Académie nationale de médecine, et Comité consultatif national d'éthique. Donc on a treize administrations censées être dirigées par le Président, le Premier ministre et le ministre de la Santé.

Le chef d'État en crée dix autres, spécialement pour la crise Covid : le Conseil scientifique, le Comité analyse, recherche et expertise (CARE), le Comité vaccin Covid-19, le Conseil d'orientation de la stratégie vaccinale, le Comité de contrôle et de liaison Covid-19 (CCL-COVID), le Comité vaccinal des citoyens (ceux tirés au sort : les 35), la Task Force vaccins, le Conseil de défense, la cellule interministérielle de gestion de la crise Covid, et le Comité technique des vaccinations de la Haute Autorité de santé (CTV).

Enfin, Gladys Huré (ex-Engie) est mandatée par le gouvernement pour gérer la communication de la crise[1].

Je résume : on a un président de la République et 2 ministres plus 13 conseils, agences ou organismes existants spécialistes de la santé. On en met 10 de plus, et une conseillère. Ça fait du monde donc… Peut-être un peu trop, non ? En même temps, s'ils bossent tous ensemble, pourquoi pas ! Après tout, on dit bien que l'union fait la force !

Sauf que pas du tout. Richard Lizurey, général assisté d'une inspectrice de l'administration, fait un rapport demandé par le Premier ministre et rendu en juin 2020[2]. L'Assemblée nationale en fait aussi un[3], en octobre dernier, et l'OPECST, l'Office parlementaire d'évaluation des choix scientifiques et technologiques, idem, le 15 décembre[4]. Donc on a trois rapports sur la gestion de la crise qui disent tous que c'est le bordel. J'aurais voulu trouver un autre mot pour dire les choses mais franchement, celui-là est le plus juste pour résumer la pensée de tous les enquêteurs.

Dans le rapport du militaire et de l'inspectrice, on lit :

« Une chaîne de commandement […] à la lisibilité imparfaite. » Traduction : c'est qui le patron ?

« Un partage d'informations perfectible. » Traduction : chacun bosse dans son coin.

« Une structuration de l'expertise améliorable. » Traduction : ils sont nuls.

« Un partage d'informations complexifié par la multiplication de structures. » Traduction : ils sont dix fois trop nombreux.

Ce que dit aussi l'avis de l'Assemblée nationale :

« Un engagement des moyens nationaux sans réelle coordination avec le ministère des Solidarités et de la Santé. »

« Une absence de mobilisation des moyens logistiques nationaux. »

« Un arbitrage indispensable sur les carences ambulatoires. »

« Un défaut de coordination dans la mobilisation des associations agréées par les pouvoirs publics. »

Ce que demande maintenant le rapport de l'OPECST (les députés et les sénateurs ensemble) :

« Clarifier les rôles et fonctions de chacun des intervenants, disposer d'une vision précise du périmètre dévolu à chaque organisme, y compris dans la communication sur la stratégie de vaccination, afin d'éviter toute impression de cacophonie. »

Je rappelle que tous ces gens sont des fonctionnaires d'État, il ne s'agit pas d'hurluberlus qui font des rapports pour acculer le gouvernement. Donc si eux disent que c'est le grand bazar, imaginez la réalité…

Mais on a oublié d'additionner à tous nos comités ceux que l'État français consulte à l'étranger : l'EMA sur le sujet des vaccins principalement, parce que, en termes d'autorisation de mise sur le marché, tout se décide au niveau européen. Et puis on se réfère évidemment aussi à l'OMS.

Par-dessus tout cet attirail-là, qui conseille Emmanuel Macron, on a, et je jure que ce n'est pas une blague :

• Ce que les structures hospitalières ont cru bon d'ajouter pour conduire la crise sanitaire :

Le comité de pilotage « Recherche Covid AP-HP[5] », présidé par devinez qui ? Yazdan Yazdanpanah ! Il est donc dans le Conseil scientifique et dans le Comité analyse, recherche et expertise, et attention scoop : depuis peu président de l'agence ANRS Maladies infectieuses émergentes que l'État vient de créer.

• Ce que les régions ont cru bon d'ajouter :

La Région Auvergne-Rhône-Alpes a constitué son propre conseil scientifique. Ce qui laisse penser qu'elle croit moyen au Conseil national, ce qui n'est donc pas très rassurant en soi. Surtout quand on sait que Bruno Lina, qui fait partie de celui nommé par Emmanuel Macron, décide quelques mois plus tard d'aller aussi dans celui de cette région ! Est-il en train de nous dire qu'il ne fait pas confiance au premier collège ? Celui que le Président écoute en plus !

Maintenant, on a aussi ce que les grandes villes ont voulu lancer :

- La capitale a bâti Le Comité consultatif sur le coronavirus de la Ville de Paris. « Composée d'une quarantaine de personnes issues du monde scientifique et de différents secteurs de la vie sociale et économique, cette instance a vocation à trouver des solutions pour adapter la Ville à la crise sanitaire », dit le site de la mairie. Parmi les personnalités figurant dans les quarante : Martin Hirsch, patron de l'hôpital public, qui donc a décidé de réaliser une expérience inédite, à savoir ne plus dormir du tout. Parce que vu le boulot qu'il y a déjà à faire à l'hosto en temps normal, mais là en période épidémique n'en parlons pas, s'ajouter un job, c'est héroïque !
- La ville de Bordeaux aussi a créé son propre conseil scientifique en novembre dernier. Ils l'appellent le Conseil de résilience sanitaire. Là, on retrouve un autre membre du Conseil scientifique du gouvernement : Denis Malvy. Non non, c'est

mieux que ça : il est coprésident du nouveau collège. Donc lui non plus n'affiche pas une confiance folle en l'équipe nationale… Formidable…

• Enfin, Grenoble crée son « comité citoyen », rassemblant 220 habitants de la ville, qui s'expriment et proposent leurs solutions pour la gestion de l'épidémie. Chambéry aussi installe son comité de liaison citoyen Covid-19.

Si Emmanuel Macron ne devient pas dingue avec tout ça avant la fin de son quinquennat, c'est Superman sans la cape. Heureusement, s'il y a bien un socle solide sur lequel le Président peut s'appuyer, c'est le service public, notamment concernant le vaccin, sujet du moment. Alors pourquoi sollicite-t-il des entreprises privées ? Les plateformes Doctolib, Maiia et KelDoc sont chargés, au début du moins, de gérer les rendez-vous pour se faire vacciner[6]. N'aurait-il pas confiance en ses propres troupes ?

« On a de très solides entreprises françaises qui fonctionnent très bien, qui sont capables de fournir tous les services, et ça serait sale parce que c'est privé ? » rétorque Olivier Véran le 12 janvier dernier quand les députés lui demandent pourquoi le gouvernement ne fait pas travailler les entreprises publiques. « On aurait dû tout construire dans le secteur public en partant de zéro, alors même que nous avons des acteurs français[7] ? » renchérit-il. Et là c'est moi qui dis : quoi ? On n'a personne capable de mettre en place la vaccination alors qu'il y a 102 883 employés administratifs dans le secteur médical public ?

C'est décevant d'entendre de tels propos dans la bouche d'un ministre, mais passons. L'important, c'est déjà de faire travailler des entreprises françaises. Quoi ? Qu'est-ce que j'apprends ? C'est la société américaine Bain & Company qui pilote la stratégie de la France dans le dépistage du coronavirus, comme le révèle le journal *Marianne* le 4 avril 2020 ?

Et l'État aurait donné 200 000 euros à la société américaine Microsoft pour héberger les données de santé de l'intégralité des Français, comme l'explique France Info le 2 octobre dernier ?

Et Emmanuel Macron fait aussi appel au cabinet de conseil américain McKinsey & Company en matière de communication ? Oui, c'est lui qui pense à eux pour mettre en place la campagne de vaccination le 30 novembre, selon *Politico* et *Le Figaro* notamment.

Bon allez, on ne va pas en faire une maladie (on a déjà ce qu'il nous faut), on va se dire que l'important, c'est que l'État français fasse travailler les meilleures entreprises du monde, peu importe qu'elles soient chez nous ou à Pétaouchnock. Mais là, petit problème : McKinsey & Company a conseillé pendant plus de douze ans et jusqu'à il y a quelques mois le laboratoire Purdue Pharma. Et ce labo a vendu aux États-Unis entre 2008 et 2017 un médicament, l'OxyContin, accusé d'être responsable de la mort de 300 000 à 500 000 personnes[8], ce qu'il conteste. Alors on pourrait se dire que le cabinet-conseil n'étant pas composé de médecins, il ignorait tout de ce qu'il vendait.

Un an après la mise sur le marché de l'antalgique, en 2009 donc, la presse américaine titre sur l'« opiacé tueur ». McKinsey vire-t-il son client ? Non. En 2017, la justice américaine établit clairement la preuve de culpabilité du labo. Que fait alors McKinsey ? Une énorme campagne centrée sur la publicité et l'influence pour sauver l'image de son client !

Et c'est donc ce cabinet qu'on engage pour s'occuper de la stratégie et de la logistique de la campagne de vaccination de la France. Et à qui on paie 2 millions d'euros par mois depuis… Je ne vais pas vous dire depuis quand, ça va vous déprimer.

Bon « en même temps », comme le dit si souvent le Président, 2 millions sur le budget de l'État, ça ne signe pas non plus la faillite de la France. Pour nous, c'est beaucoup d'argent, mais pour un pays, c'est insignifiant. 20 millions d'euros en revanche, ça passe plus mal[9]. Parce que c'est le montant du marché que l'État a signé en 2018 pour faire appel à ces grands cabinets de conseil en organisation.

Parce qu'il n'y a pas que McKinsey qui conseille l'État. Il y a aussi le cabinet Accenture pour le lancement, l'enrichissement et l'accompagnement de la mise en œuvre du système d'information de la vaccination, et puis les cabinets Citwell et JLL pour l'accompagnement logistique et la distribution des vaccins Covid[10]. Le premier est américain, les deux autres sont français, mais tous les trois sont privés.

L'Élysée est donc multiconseillé, tout ça pour prendre des décisions médicales plus que contestables.

Le 28 mars 2020, par décret, le gouvernement autorise ainsi la prescription en ambulatoire de Rivotril à un patient atteint de la Covid-19. L'administration de cette molécule a pour effet d'atteindre une sédation terminale entraînant la mort. Une majorité de médecins se rebellent, comme le syndicat des jeunes médecins qui parle notamment d'« euthanasie », mais l'État ne se ravise pas.

Un autre exemple ?

Pendant des mois, le fameux Jérôme Salomon annonce tous les soirs le nombre de morts du jour, les ministres se succèdent régulièrement pour avertir que « la situation est grave », comme le dit la ministre du Travail Élisabeth Borne sur France Info le 27 octobre dernier. « La situation sanitaire de notre pays n'est pas revenue à la normale. Elle est même devenue plus fragile au cours des dernières semaines », martèle le Premier ministre le 8 janvier. Pas un jour ne passe sans qu'un ministre soit sur un plateau télé pour dire que tout va mal et, pire, que tout va encore aller mal jusqu'à quand… on ne sait pas.

Quant aux membres du Conseil scientifique, je vous laisse juger de leur optimisme pour l'avenir : « De nombreux mois avec une situation extrêmement difficile », relaie le journal *Libération* le 31 octobre 2020, « Une situation très préoccupante », écrit aussi le conseil dans son rapport du 13 janvier 2021. Jean-François Delfraissy, le charismatique président de ce conseil baroque, ajoute le 24 janvier sur BFM en parlant des variants de la Covid que c'est « l'équivalent d'une deuxième pandémie » et qu'on parle d'un « virus diabolique ».

Heureusement, l'État est par ailleurs irréprochable. À commencer par le Président. Si on oublie qu'il ne respecte pas les gestes barrières ! Le 7 avril 2020 par exemple, en visite dans un centre de soins de Seine-Saint-Denis, le voilà qui s'assoit… collé à un médecin. Le 8 septembre, dans une école auvergnate, il enlève son masque pour tousser dans sa main. Et voilà que le 14 décembre il serre la main d'Angel Gurria, le secrétaire général de l'OCDE, dans les jardins de l'Élysée, malheureusement devant un parterre de journalistes !

Emmanuel Macron ne respecte pas non plus la règle du « 6 à table » le 16 décembre 2020, puisqu'il convie 12 personnes à dîner à l'Élysée, dont le Premier ministre Jean Castex, le secrétaire général du Palais Alexis Kohler, le président de l'Assemblée nationale Richard Ferrand, François Bayrou, le patron de LREM Stanislas Guerini et le chef de file des députés Christophe Castaner, entre autres. Arrêtons-nous une seconde pour dire qu'aucun des convives ne tique non plus sur le fait que ce dîner est interdit, mais bon… doublement interdit même puisque le repas, apprend-on de source élyséenne, dure bien au-delà de l'heure du couvre-feu d'alors fixé à 20 heures.

On avait cela dit bien compris depuis quelques mois qu'on nous vendait du « Fais ce que je dis mais pas ce que je fais », quand on avait vu François Bayrou sans masque lors des Journées parlementaires du Modem, à côté de Jean Castex le 8 septembre dernier. Jean Castex, rappelons-le, cas contact à ce moment-là…

On l'avait bien saisi aussi le 3 décembre, lors de la conférence de presse Covid, en voyant notre Premier ministre enlever son masque n'importe comment, mettant la main à l'intérieur du masque avant de se nettoyer les mains, puis cherchant ses lunettes partout (qu'il a sur le nez), et retouchant l'intérieur de son masque ensuite.

Et puis François Bayrou encore, le 20 janvier, pris en photo à l'aéroport d'Orly sans masque, comme Richard Ferrand le 30 septembre à l'Assemblée, Agnès Pannier-Runacher en juillet dernier, ou Éric Dupond-Moretti aussi, qui prend soin d'enlever son masque avant de répondre à une interview.

Et je ne parle pas de Gérald Darmanin, annonçant fièrement 45 000 verbalisations pour non-port du masque le 17 septembre au Sénat…

sans lui-même porter le sien, déjà obligatoire à ce moment-là.

Maintenant qu'on a vu que nos gouvernants n'étaient pas tout à fait exemplaires sur le front des fameux gestes barrières, voyons s'ils le sont en mots : Olivier Véran annonce le 22 janvier sur Twitter : « Nous avons commandé assez de vaccins pour protéger tous les Français avant fin août[11]. » Sans évoquer les pénuries d'aiguilles, ce qui peut éventuellement servir pour vacciner.

Au 23 janvier 2021, on en est à 1 million de Français vaccinés. Il en reste donc 66,4 millions à piquer en sept mois, quasiment 10 millions par mois ?! Il ne s'explique pas non plus sur le fait qu'on cherche une sixième dose dans les cinq vendues par les labos. On gratte les fonds de tiroirs, ou plus précisément de flacons, ça se voit quand même un peu mais tout sera bouclé fin août, c'est promis !

Bon, si Olivier Véran nous balade sur les vaccins, on imagine qu'il est sans ambiguïté sur la question des conflits d'intérêts. Mi-janvier, sept parlementaires demandent au ministre de la Santé de lancer une enquête sur les liens financiers entre certains médecins et l'industrie pharmaceutique. Et depuis, c'est fait ! Poisson d'avril ! Depuis ? Rien.

Et les collègues ? Tout aussi exemplaires. La ministre de la Défense dit en mars que les militaires français rapatriés de Wuhan dans l'Oise ont été testés. En septembre, six mois plus tard, Florence Parly se ravise et fait son mea culpa devant le Sénat : « J'ai juré de dire toute la vérité et donc je me dois de vous dire que j'ai dit quelque chose d'inexact le 4 mars à France 2. » Et la vérité c'est que les militaires n'ont jamais été testés.

On a bien aimé aussi entendre le délégué général de LREM dire que « l'intérêt du couvre-feu à 18 heures, c'est de contrer l'effet apéro ». Ces mots sont foncièrement irrespectueux à l'égard des Français.

Et puis on se souvient de Sibeth N'Diaye (qu'on ne voit plus beaucoup, dommage, elle nous faisait bien rire) disant : « J'assume parfaitement de mentir pour protéger le Président », phrase prononcée en 2017, ou encore devant le Sénat le 23 septembre dernier : « Je crois qu'on a souffert au cours de cette crise d'un défaut d'acculturation scientifique de la population française. » Je traduis : j'utilise des mots compliqués pour qu'on ne se rende pas compte que je suis en train de dire que les Français sont des ânes.

Donc oui, monsieur le Président, nous sommes bien devenus une nation de « 66 millions de procureurs », comme vous l'avez dit le 21 janvier 2021, mais il ne tient qu'à vous de donner l'exemple dorénavant, vous et votre gouvernement, et nous serons plus indulgents.

6

Les ratages du gouvernement

8 octobre 2020 : le docteur David Nabarro, haut dirigeant de l'OMS, déclare en vidéo : « Nous, à l'Organisation mondiale de la santé, ne préconisons pas le confinement comme principal moyen de contrôle de ce virus. La pauvreté mondiale pourrait doubler d'ici l'année prochaine, nous pourrions voir la malnutrition infantile plus que doubler car les enfants ne mangent pas à l'école et leurs parents n'ont pas les moyens de payer dans les familles pauvres. Il s'agit véritablement d'une terrible catastrophe mondiale et nous lançons un appel à tous les dirigeants du monde : arrêtez d'utiliser le confinement comme principale méthode de contrôle du virus[1]. » Rien à ajouter, si ce n'est que le 30 octobre, vingt-deux jours après la déclaration de l'OMS, nous en France, on est reconfinés jusqu'au 15 décembre.

Ce traitement de choc nous avait déjà été infligé du 17 mars au 11 mai 2020, alors qu'on savait que le confinement était une aussi bonne idée que la saignée chez Molière ! Selon l'OMS toujours, le 16 mars la Belgique et les Pays-Bas, États proches géographiquement, sont pour le premier confiné, pour le second pas. Le 5 mai, il y a quasiment deux fois plus de contaminations en Belgique que chez son voisin. Ces chiffres nous permettent-ils de dire que le confinement, en plus de créer de la misère, n'empêche même pas les contaminations ?

Heureusement qu'en plus, le confinement ne cause pas de dommages psychologiques. Aïe, aïe ! Michael Levitt, Prix Nobel de chimie 2013, déclare le 6 mai sur le site Covidinfos.net : « Il n'est pas évident qu'un confinement total soit nécessaire ou même souhaitable. On cause [...] d'énormes dommages psychologiques aux enfants [...] les crises de panique sont maintenant très fréquentes [...] puis il y a bien sûr le coût économique[2]. »

Le 7 septembre dernier, 90 chercheurs et médecins dont Michael Levitt toujours signent une lettre ouverte dans le journal *Times of Israël* pour demander au pays de ne pas cloîtrer sa population. Ils disent : « Un confinement est (donc) une erreur stratégique, basée sur un manque de compréhension fondamentale des mécanismes d'une pandémie[3]. »

Ajoutons à cela l'étude de Santé publique France du 21 novembre 2020[4], appuyée par des chiffres, des graphiques, et visible sur leur site, qui montre clairement que le confinement ne ralentit pas les contaminations, et qu'en plus, il n'a rien à voir avec le taux de mortalité, et ce, dans le monde entier.

Pour la route, ajoutons l'analyse du docteur Louis Fouché, anesthésiste-réanimateur à l'hôpital de la Conception à Marseille, le 28 octobre 2020. Il parle, spécifions-le, ce jour-là, au nom du collectif Réinfo Covid. Ce groupe réunit quelque 350 chercheurs, enseignants, universitaires. Il dit : « Je suis absolument opposé au confinement, je pense que c'est une mesure qui est complètement irresponsable. En médecine, vous savez, il y a la balance bénéfices-risques. Les bénéfices sur l'épidémie sont extrêmement discutables et discutés, les effets collatéraux par contre eux, on les a bien vus [...] la réalité c'est que les formes graves [...], on sait qui ça touche et donc il faut faire des mesures ciblées sur ces gens-là et arrêter d'emmerder les Français. » Voilà qui est clair et précis.

Le bilan du couvre-feu est lui aussi plus que contestable. Ses effets visibles ? Ruée dans les transports en commun. Courses dans les magasins, tous à la même heure. Plus de fêtes en extérieur mais dans des appartements, donc risques de clusters. Concentrer la population plutôt que d'étaler les horaires, bien vu ! Après 20 heures, le couvre-feu a été finalement fixé à 18 heures, sans doute parce que c'est l'heure à laquelle le virus rentre chez lui !

Le raté de la différenciation des commerces

Ah le grand et beau débat bien français : essentiel *or not* essentiel ?

Il commence le 30 octobre : Emmanuel Macron annonce la fermeture des « commerces non essentiels » dans le pays. Les supermarchés, les épiceries, les boulangeries, les banques et assurances, les bureaux de tabac, les kiosques à journaux, les stations-service, les pharmacies, les hôtels, les garages, les établissements de santé et les pompes funèbres restent ouverts. Les autres : bars, restaurants, magasins de vêtements, librairies, fleuristes, coiffeurs doivent fermer. Grogne à tous les étages des petits commerces car la grande distribution, elle, a des rayons dits « non essentiels » dans ses magasins et reste ouverte.

Là, on se dit que le gouvernement va du coup rouvrir les commerces, pour ne pas creuser l'injustice et sauver des professions au bord du naufrage. Mais pas du tout, il tire tout le monde vers le bas.

2 novembre, Jean Castex annonce la fermeture du « non essentiel » dans les grandes surfaces, ce qui donne lieu à des scènes mémorables : queues de vingt mètres dans les supermarchés, tout le monde bien compacté. Autorisation d'acheter des magazines mais pas des livres dans le rayon d'à côté, bien scotché. Interdiction d'acheter du maquillage mais pas de l'alcool. En même temps, l'alcool, on ne va pas s'en plaindre : on aurait mille raisons de boire quand on pense à la gestion de la crise par notre gouvernement.

20 novembre, Monoprix lance une offensive hilarante : « Une commission venant de conclure que l'eau ça mouille, nous avons à nouveau le droit de vendre des parapluies », « Les vêtements pour enfants jusqu'à 3 ans sont à nouveau essentiels. Les autres sont priés d'arrêter de grandir », « Ceux qui ont pu penser que le déodorant n'était pas nécessaire ne doivent pas prendre le bus bien souvent », peut-on lire dans les allées des magasins de la chaîne qui s'est lâchée.

Par ailleurs, le gouvernement décide que les écoles et les lycées resteront ouverts, mais les facs (pas essentielles) fermeront. Les cantines des écoles restent ouvertes, jugées moins dangereuses que les restaurants, car on sait qu'un enfant est plus obéissant qu'un adulte, et comprend parfaitement les gestes barrières, surtout à 4 ans ! Mieux vaut en rire… Les auto-écoles ? Elles ont le droit de faire passer les permis de conduire, mais pas de donner des leçons. Donc si vous croisez un type sur le périphérique qui zigzague, c'est normal, il a passé un « permis Castex », un permis sans avoir pris de cours donc.

Bon, je plaisante, mais en aucun cas sur le fait qu'on peut aller dans un centre commercial, mais pas au théâtre, pas au cinéma, pas au musée, pas au concert. On est tous d'accord pour dire que c'est en effet beaucoup plus dangereux de se cultiver que d'aller acheter des sacs pour aspirateurs. Et bien moins risqué d'être mille, tassés les uns sur les autres autour de Miss France pour une séance de dédicace dans un centre commercial de Moselle, comme ce fut le cas le 2 janvier dernier. J'ajoute qu'on comprend aisément que nos ministres décident de fermer les librairies mais pas les transports en commun. Il est bien connu qu'il y a un monde fou dans les librairies, un véritable bouillon de culture, alors que le métro est toujours désert.

Étant décidé à aider ce gouvernement malgré lui, je ne parlerai pas, concernant la fermeture de certains commerces, de cette étude de l'Institut néerlandais de la santé publique et de l'environnement (RIVM) du 8 décembre dernier, affirmant que l'ouverture des restaurants réduit plutôt qu'elle n'augmente le nombre de contaminations. Pourquoi ? Parce qu'à la place d'aller manger dehors, les gens se réunissent dans les maisons, donc : explosion de l'infection.

Je ne parlerai pas non plus de cette interview du ministre de la Santé belge le 27 novembre 2020, disant : « Faire du shopping ne comporte pas vraiment de risques quand tout est bien contrôlé. » La Belgique a, comme nous, fermé tout ce qui est jugé non essentiel. Le journaliste lui demande : « Pourquoi avoir pris cette décision alors ? », ce à quoi Frank Vandenbroucke répond : « Parce qu'à un moment donné, on devait prendre une décision-choc. Il fallait vraiment faire un électrochoc. Et cela impliquait que l'on ferme les commerces non essentiels. » « C'était plus psychologique qu'un besoin réel ? » renchérit le journaliste. « Oui », finit par lâcher le ministre.

La décision de fermer les magasins de quartier n'a jamais été étayée sur une recommandation sanitaire. C'est de la politique. Sur les 600 000 commerces indépendants en France, on apprend en juin 2020 que 12 000 ont fait faillite. Des chiffres moins catastrophiques que l'an dernier à la même époque. Pourquoi ? Car les entreprises sont sous perfusion financière de l'État. Quand le « quoi qu'il en coûte » d'Emmanuel Macron cessera, « alors la bulle dans laquelle se trouvent les entreprises éclatera », prévient Sophie Jonval, présidente du Conseil national des greffiers des tribunaux de commerce le 9 décembre, suite à la parution de son baromètre. Je préviens, moi, que je serai là pour dénombrer les morts des commerces, causées par notre gouvernement.

Les ratés de l'économie

Parmi les occasions de se distraire sous régime Covid, plusieurs petits spectacles de qualité ont été donnés. Celui des tests est relancé le 7 janvier 2021 : « Ils sont totalement gratuits en France, pour tout le monde. C'est unique en Europe ! Pour une personne asymptomatique souhaitant se faire tester, il faut ainsi débourser près de 100 euros en Allemagne ou en Espagne, jusqu'à 350 euros au Royaume-Uni[5] », déclare Jean Castex qui travaille la modestie plus que la logistique.

En vrai : les tests, on les paiera plus tard. Via nos impôts, une taxe ou un jour travaillé non payé « par solidarité », on nous dira. Mais on les paiera.

Le trou de la Sécu, dont on nous rebat les

oreilles depuis mille ans ? Il a disparu depuis la crise du coronavirus.

En vrai : rien que les tests PCR coûtent 88 millions d'euros à la Sécurité sociale selon la Cour des comptes[6]. Donc c'est vrai, plus de trou : un cratère béant à la place.

10 janvier dernier, on apprend que les salariés ont maintenant le droit de se prescrire eux-mêmes un arrêt de travail. Après l'auto-attestation de sortie, en voilà une autre idée qu'elle est bonne ! La démarche est simple : aller sur le site de la caisse d'assurance maladie, dire qu'on a des symptômes (nez qui coule, etc., ça marche puisque c'est un des signes officiels de la Covid), trois clics et c'est bon pour un arrêt de travail indemnisé, sans délai de carence, et sans attendre une consultation médicale. La réforme de l'État est en marche !

Début octobre, l'Europe achète pour 1 milliard d'euros des doses de Remdesivir[7], ce médicament vu à l'époque d'un bon œil par la plupart des médecins de notre Conseil scientifique et quelques autres (mais chut, c'est grossier paraît-il de le dire ou de l'écrire !).

Le 15 octobre, une étude du nom de Solidarity révèle que l'antiviral n'a aucun effet sur les malades[8].

Le 20 novembre, l'OMS en déconseille l'utilisation, insistant sur « la possibilité d'importants effets secondaires », notamment sur les reins, son coût important et ses implications logistiques (il doit être administré par intraveineuse), ajoute *Le Monde*[9] dans son analyse.

Trop tard, on a déjà commandé. Et pas de politique de retours sur le site de Gilead. Le gouvernement français (c'est à souligner pour une fois qu'il est bien inspiré) n'a pas passé commande, mais comme c'est un contrat européen, on va devoir passer à la caisse. C'est écrit (pas exactement en ces termes) sur le site de l'Union européenne.

À côté de ça, on apprend le 7 octobre dernier que le projet de LFSS (c'est le petit nom de la loi de financement de la Sécurité sociale) du gouvernement prévoit 900 millions d'euros d'économies dans les hôpitaux en 2021[10]. La chambre de la cour des comptes d'Occitanie réclame de son côté dans un rapport paru le 1er octobre de supprimer des postes de médecins, et dit qu'il n'y a pas besoin de lits supplémentaires pour les malades[11]. Tout le contraire de ce que demandent tous les personnels hospitaliers.

Médecins, infirmiers, aides-soignants, brancardiers, aides à domicile se rassemblent le 16 juin devant le ministère de la Santé : 18 000 personnes selon la police (donc plus en réalité)[12]. Dans le reste de l'Hexagone, 220 autres rassemblements le même jour, pour les mêmes raisons. Ils sont là pour quoi exactement ? Sûrement la même chose qu'Olivier Véran en 2007 quand il était interne à l'hôpital : « C'est qu'on en arrive à la dernière solution, toutes les tentatives pour essayer de négocier avec le ministère se sont révélées totalement inefficaces. »

Quelques informations pour finir :

Un million de Français ont basculé dans la pauvreté depuis le début de la crise. Il s'ajoute aux 9,3 millions de pauvres déjà existants. « Ce chiffre est malheureusement une estimation basse, compte tenu des 800 000 pertes d'emploi attendues fin 2020 », complète Florent Gueguen, directeur général de la Fédération des acteurs de la solidarité (FAS).

Enfin, je me demandais combien ça coûtera de planter les millions d'arbres qu'on a détruits pour faire nos auto-attestations ? On verra ça après avoir payé les masques, les tests, le Remdesivir, les vaccins, les arrêts maladie, les indemnités chômage, les primes « crise » aux familles, les avances faites aux PME, les exonérations de cotisations, le report de paiement des charges sociales, les prêts de l'État…

Le raté des masques

27 avril 2020, des virologues de Wuhan font paraître dans la revue *Nature* la première étude en vie réelle sur la transmission aéroportée du coronavirus[13]. C'est donc la première fois qu'on va savoir si le masque est utile. Et la réponse est : non en intérieur si le lieu est ventilé, et non en extérieur. Je cite mes sources pour favoriser des débats enfin plus sereins.

Sur leur enquête à l'hôpital ils disent :

« Des concentrations faibles ou indétectables de SARS-CoV-2 ont été trouvées dans la plupart des sites analysés à l'hôpital Renmin. Un résultat qui suggère que l'utilisation de chambres à pression négative et/ou le taux élevé de renouvellement d'air au sein des unités de réanimation, des unités de soins intensifs cardiologiques, sont très efficaces pour limiter la transmission du SARS-CoV-2 aéroporté. »

Sur les commerces :

« Dans les lieux publics fréquentés (en dehors de l'hôpital), les prélèvements ont montré que la concentration du virus SARS-CoV-2 était indétectable ou très faible. »

Pour finir par dire :

« Globalement, ces résultats indiquent un faible

risque par voie aéroportée dans les zones bien ventilées ou les lieux ouverts au public », même s'ils soulignent cependant qu'il convient d'éviter les lieux d'attroupement, ce qui coule de source.

Fin août, comme le révèle *Le Figaro* dans un article du 11 décembre 2020[14], les départements français où le masque a été imposé dehors ont vu leurs décès s'accroître de 129,2 % contre pile + 100 % dans les départements périphériques de la région. Bon…

18 novembre 2020, une étude danoise paraît dans la revue *Annals of Internal Medicine*[15]. Elle est faite sur 4 862 personnes, la moitié ayant porté le masque sur une période donnée, l'autre moitié non. Résultat : 2,1 % d'infections sont survenues dans le groupe sans masque et 1,8 % dans le groupe masqué. Avantage très limité aux masques.

Pour ce qui est du port du masque à l'extérieur, je me demandais si on ne devait pas aller encore plus loin dans le principe de précaution, en adoptant tous la gracieuse tenue du scaphandrier à partir d'aujourd'hui pour faire face aux vilains variants ! Excepté pour les travailleurs en extérieur, qui eux sont depuis le début de la pandémie exemptés de masque, on ne comprend pas bien là non plus. Et qu'il faille en porter pour une promenade en forêt aussi c'est bizarre, quand on est tout seul... Bref ! sachez que l'air se renouvelle et que le masque en extérieur, j'en dis comme la plupart de mes confrères : ce n'est pas utile.

Et puis, il y a les enfants. Outre le fait que d'éminents et nombreux infectiologues aient affirmé que les enfants étaient très peu contagieux et insisté sur le fait qu'ils ne devaient pas porter de masque, des pédiatres et psychologues par centaines se font entendre sur ce sujet depuis le 2 novembre, jour où le masque est devenu obligatoire pour les plus de 6 ans.

Il existe tant de tribunes pour demander l'arrêt de cette décision que je ne peux toutes les citer, mais prenons les arguments de celle signée par des psychologues, neuropsychologues et psychanalystes de grands services de pédiatrie français, parue le 1er novembre dans les pages de *Libération* : « Les besoins d'expression d'un enfant de 6 ans, encore considéré comme jeune enfant, sont multiples : sur le plan affectif, langagier, émotionnel, corporel. Toute entrave à cette communication spontanée, naturelle et nécessaire, si elle n'est pas porteuse de sens, est susceptible de laisser des traces à long terme. »

Le 10 novembre, 150 professionnels de santé écrivent une lettre ouverte au gouvernement[16], dans laquelle on peut lire : « L'enfant, de 6 à 11 ans, est encore loin d'avoir atteint une pleine stabilité dans son développement. Lui masquer ainsi la moitié du visage des journées entières avec la crainte d'une réprimande systématique s'il devait le retirer est susceptible d'exposer l'enfant à de graves conséquences cliniques aussi bien immédiates qu'à long terme sur les plans somatique et psychique : céphalées, complications ORL, affections dermatologiques, troubles de l'attention et de la communication, pathologies psychiques (angoisses, agressivité, terreurs nocturnes, TOC, énurésie...), bégaiement, troubles des apprentissages (lire, écrire)... »

Le gouvernement doit donc réfléchir à nouveau sur ce sujet, et vite.

Ce serait bien d'entamer 2021 en faisant plus de place au bon sens ! Exemple, le 8 octobre en parlant des vacances scolaires de la Toussaint : « Si vous recevez votre famille, vos enfants, vos petits-enfants, vous devez garder de la distance. Vous devez porter le masque. » Rappelons que la distance demandée par le gouvernement, après avis rendu par le HCSP, est de deux mètres. Donc on vous souhaite, pour voir vos petits-enfants, d'avoir un très très grand appartement ! Et aussi qu'aucun de vos descendants n'ait besoin d'aide (couches à changer, chute violente, attaque de chien…) parce que vous ne pourrez pas venir les aider, mesures barrières obligent…

On aimerait bien aussi comprendre, ce 17 octobre, le nouveau protocole de sécurité sanitaire quand on va au restaurant, même si, bon point, il fait bien rire. Il est dit que le restaurateur doit mettre des solutions hydroalcooliques si possible sur chaque table (ne pas confondre avec l'huile juste à côté). Il est également spécifié qu'il doit limiter la mise à disposition d'objets pouvant être touchés par plusieurs clients (donc plus de salières-poivrières-corbeilles à pain même peut-être). Et surtout, et c'est là que c'est drôle, non, grotesque en fait : les clients doivent dorénavant porter leur masque « jusqu'au service du premier plat », et le remettre « entre deux services » et « lors de chaque déplacement » !

Quel dommage que le gouvernement n'ait pas spécifié le nombre de minutes qu'il nous accordait pour mâcher puis avaler le repas servi… De toute façon on s'en fiche, le gouvernement décidait onze jours après avoir livré son super protocole de fermer les restaurants et les bars.

Je me moque, ça va encore énerver la joyeuse compagnie. Mais je sais qu'ailleurs c'est pire. Donc on doit accepter avec le sourire les décisions ahurissantes que prennent nos gouvernants, en songeant par exemple à l'Asie où les nouveau-nés sont affublés d'une visière dès qu'ils sortent du ventre de leur maman ! Il existe des photos sur Internet. Et puis au Canada, il est conseillé d'avoir des relations sexuelles avec masque. Ça ne s'invente pas, c'est la responsable de la Santé publique qui l'a annoncé le 2 septembre dernier. Les autorités d'Ottawa ont noté dans la foulée que les activités sexuelles les moins risquées étaient celles pratiquées en solitaire. À bon entendeur !

Les ratés de la communication

L'appli TousAntiCovid : 10 millions de téléchargements, selon Jean Castex en personne le 28 novembre sur Twitter. On est 66,4 millions. Succès indéniable donc ! J'ajoute que le Premier ministre ne l'a pas, l'appli. Il le confesse dans l'émission « Vous avez la parole », le 24 septembre dernier sur France 2.

Le port du masque à vélo : obligatoire le 28 août, proscrit le 29.

Le Conseil citoyen (35 Français tirés au sort et consultés sur la question vaccinale) : gros fou rire. Le gouvernement et ses médecins référents n'étaient pas aptes ?

Le Conseil scientifique, et plus précisément son président Jean-François Delfraissy, lâche le 9 septembre dernier : « Face au rebond de l'épidémie, le gouvernement sera obligé de prendre des décisions difficiles[17]. » Le lendemain, Emmanuel Macron en visite en Corse répond : « Chacun doit rester à sa place, c'est aux dirigeants démocratiquement élus de prendre des décisions[18]. » En sport, ça s'appelle un tacle.

Olivier Véran, au printemps 2020, dit que les masques ne servent à rien sauf pour les soignants. À l'automne, les masques sont indispensables pour tous, dedans et dehors. Printemps dernier aussi : ce qui compte dans une pandémie, c'est le nombre de morts. Automne : ce qui compte dans une pandémie, c'est le nombre de cas. Quelles sanctions va-t-on lui appliquer, au ministre ? Passera-t-il lui aussi bientôt – comme moi – devant le Conseil de l'Ordre des médecins ?

Gabriel Attal le 3 novembre sur RMC : il annonce un couvre-feu alors qu'on est en confinement. Jean-Jacques Bourdin, ahuri, demande : « Un couvre-feu en plus du confinement ? » Le porte-parole répond : « Bien sûr ! »

Jérôme Salomon, le 19 mars 2020 au ministère de la Santé, tranche tout aussi sûr de lui : « La meilleure réponse, c'est la distanciation sociale. »

Jusqu'en avril, tous les ministres emploient à tour de bras cette jolie expression de « distanciation sociale ». Étant de la classe moyenne, je comprends que je dois mettre de la distance avec les riches et avec les pauvres. C'est bien ce qu'on nous a demandé de faire ?

Jean-Michel Blanquer le 7 septembre sur BFM TV : « Au mois de juillet j'ai travaillé très fortement pour que les sports de lutte reprennent. » Le coronavirus et plus particulièrement son département « Distance physique » le remercient pour ses propos.

Ainsi s'achève le tableau de la façon dont nous sommes gouvernés, qui me vaudra peut-être de nouvelles poursuites judiciaires dans les semaines à venir au pays de la sacro-sainte liberté d'expression !

7

Le goût du mensonge

24 janvier 2020, le premier cas Covid est détecté en France. En vrai, c'est un mois plus tôt selon le professeur Yves Cohen, chef de réanimation de deux hôpitaux en Seine-Saint-Denis, mais disons que le gouvernement ne savait pas. Fin janvier donc, les autorités françaises se mettent en rang de bataille, car une épidémie se profile.

Dès lors, le président de la République annonce que toutes les décisions concernant la crise seront toujours prises en concertation avec la classe politique dans son entier. Il le dit le 12 mars 2020 dans une allocution : « J'ai aussi demandé au Premier ministre, il l'a fait encore ce matin, de consulter largement toutes les familles politiques. » Le 13 avril, il le répète : « Durant les semaines à venir, le gouvernement, le Parlement, notre administration, avec nos maires et nos élus locaux, auront à préparer la suite », entre autres.

Le 22 du même mois, c'est un des conseillers de

l'Élysée qui déclare au journal *La Dépêche* : « On ne fera rien sans les élus locaux, ils doivent être nos partenaires dans cette épreuve. » Et Richard Ferrand, le patron de l'Assemblée nationale, d'ajouter : « Dans une très grande région comme l'Occitanie, telle disposition pourra être prise à tel endroit et adaptée à un autre. Les maires, les élus départementaux et régionaux devront faire à leur manière de la dentelle bretonne. »

Le 4 juillet, c'est Jean Castex, qui se décrit lui-même depuis qu'il est devenu Premier ministre comme « l'homme des territoires », qui déclare : « C'est vers cela que nous devons aller, c'est vers ces solutions les plus territoriales, où [les élus] savent agir ensemble au-delà de leurs opinions politiques », et d'ajouter le 11 septembre : « Ces mesures [sur la crise] ne doivent pas s'appliquer depuis Paris. »

Tous les ministres ou représentants de LREM ont à un moment déclaré que, bien sûr, les élus seront consultés. Ont-ils menti ? Oui. Tout est depuis le début de l'épidémie décidé, pardon, exigé par le gouvernement, comme en attestent des dizaines d'interviews de maires, préfets, conseillers régionaux et autres, très très en colère.

Les mensonges sur l'hôpital

Le 11 septembre 2020, 75 personnalités du monde médical international (infectiologues, physiciens, infirmiers, pharmaciens, chirurgiens, psychothérapeutes, anesthésistes, cardiologues, réanimateurs, biologistes, médecins de santé publique) signent une tribune dans *France-Soir* dans laquelle ils écrivent : « Ce virus entraîne une saturation des hôpitaux et nous répondons : c'est faux. La saturation ne concerne que quelques hôpitaux mais on fait croire aux gens que tout le système hospitalier est saturé ou que la saturation est imminente [...]. Est-il raisonnable et vrai d'attribuer, par exemple, à 1 000 ou 2 000 hôpitaux une situation qui ne concerne que 4 ou 5 hôpitaux ? »

Ajoutons à cela les propos fort justes de Philippe Juvin, anesthésiste-réanimateur, le 23 septembre dernier sur BFM, qui explique que les hôpitaux ferment les chambres à deux lits, donc on divise la capacité de prises en charge. Par conséquent, quand on vous dit que les urgences ou les réanimations sont partout saturées, c'est faux. Ce que m'ont confirmé beaucoup de collègues réanimateurs.

Des hospitalisations en pagaille ? Parfois inexact, sûrement approximatif. Le 18 septembre 2020,

Santé publique France revient sur sa déclaration de 240 nouvelles hospitalisations dans un établissement de l'Essonne en 24 heures, en disant qu'en fait il s'agit d'admissions « au cours des derniers mois[1] ».

Mais le 9 octobre 2020, Olivier Véran en visite dans le Territoire de Belfort déclare : « Je suis venu dire à celles et ceux qui font vivre l'hôpital au quotidien que leur exercice va être bouleversé pour le mieux, que la période la plus dure qu'a pu connaître l'hôpital dans son histoire les vingt dernières années avec les suppressions de lits, les réductions d'effectifs, les économies, c'est terminé. »

Le 20 du même mois, le ministre dépose au Parlement le projet de loi de la Sécurité sociale (PLFSS)[2] et devinez quoi ? Il prévoit 1,4 milliard d'économies sur l'hôpital en 2021.

Le lendemain dans l'hémicycle, les députés sont un peu énervés quand ils demandent des comptes à Olivier Dussopt. Vous ne le connaissez sans doute pas, le garçon se fait discret parce qu'il est ministre délégué aux Comptes publics. Et il dit : « Effectivement, il y a des mesures de régulation. [...] Elles s'inscrivent, comme les années précédentes, dans la recherche de la pertinence, de l'efficacité des soins et de la réorganisation. » Comme lui répond justement l'élue PS Valérie

Rabault : « En bon français, ça veut dire des mesures d'économies. » L'État a donc menti quant au fait qu'il cesserait de déplumer l'hôpital. Pire, en disant qu'il lui donnerait des moyens. Et ce n'est pas tout.

Maintenant les promesses. Le 28 mars 2020, le ministre de la Santé déclare justement que pour soulager les services – une bonne intention bravo ! – le gouvernement va augmenter le nombre de lits en réanimation à 14 000 ou 14 500[3]. On en a à ce moment-là 5 433 exactement selon la Drees (Direction de la recherche, des études, de l'évaluation et des statistiques). Comme je suis calé en maths, j'en déduis que le gouvernement va passer commande de 8 567 lits minimum.

Le 15 janvier 2021, soit dix mois plus tard : il y a 6 733 lits en tout, selon la Direction générale de l'offre de soins après relevé auprès des agences régionales de santé (ARS)[4]. Le gouvernement a donc commandé, au lieu des 8 000 et quelques promis, 1 300 lits de réa. Ont-ils menti ? On dirait que oui.

Les (fausses) vérités sur les respirateurs enfin. Le 23 avril 2020, Olivier Véran annonce qu'il en commande 10 000 pour les réanimations. Finalement, il n'en achète que 8 500, première incartade. Mais il y a mieux : « Les respirateurs commandés par l'État ne sont pas adaptés à la réanimation de patients atteints par la Covid-19 », comme le révèle une enquête de Radio France le 23 avril aussi. En clair, ils ne servent à rien. Spécifions par ailleurs que les appareils arrivent huit mois après dans les services, et que le ministère ne donne aucun chiffre à ce jour quant à la quantité livrée. J'ai bien fait de téléphoner à une copine journaliste mais « pas d'infos sur ce sujet », lui a-t-on dit.

Les mensonges sur les masques

Le 24 septembre 2020, lors de la commission d'enquête sénatoriale, notre ministre de la Santé dit : « Nous avons déjà les conclusions de l'épisode grippal dans l'hémisphère Sud [...]. Il a été faible, masques, gestes barrières, surtout gestes barrières d'ailleurs parce que le masque, ça marche pas trop là-dessus[5]. » Alors là, j'avoue que je ne comprends pas tout. Le masque serait utile sur la Covid mais pas sur la grippe ?

À propos des commandes de masques, le 27 août, le ministre de l'Éducation nationale déclare sur France Inter : « Nous allons distribuer pour les professeurs, au cours des prochains jours [...], des masques transparents, qui permettent de voir le mouvement de la bouche[6]. » Il ajoute que ça concernera les enseignants de maternelle, de CP, de classes où il y a des malentendants par exemple.

Le 6 septembre dernier, Sophie Cluzel, secrétaire d'État chargée des Personnes handicapées, déclare dans les colonnes du *JDD* que « plus de 100 000 masques seront fabriqués d'ici à la fin du mois [...] qui vont être disponibles en grand nombre dans le courant de l'automne[7] ». Elle finit par dire qu'ils seront pour « les professeurs qui ont un élève sourd et pour tous les enseignants de maternelle ». Déjà, on ne parle plus des classes de CP, qui apprennent cette année-là à lire, mais surtout elle ne dit pas que fin novembre les écoles n'en recevront en fait que 5 000 environ. Et uniquement en Indre-et-Loire et dans les Alpes-Maritimes. Rien dans aucune autre école du territoire. Enfin si, des masques parfois, mais commandés par les régions. L'État a-t-il, sur cette question des masques inclusifs, menti ?

Les mensonges sur les tests

Parlons d'abord de leur utilité. Le 8 juin 2020, l'OMS, à travers le docteur Maria Van

Kerkhove, chef de l'unité des maladies émergentes, déclare lors d'un point presse : « Il semble toujours rare qu'une personne asymptomatique transmette effectivement à un autre individu[8]. » Elle ajoute que ce cas est « très rare ». Ce qui me donne envie de demander : pourquoi alors tester la population en entier, si les asymptomatiques ne sont pas contagieux ? Pourquoi de fait mettre le pays en état de choc, avec des chiffres dignes d'une superproduction américaine catastrophiste ?

Évoquons à présent les délais, pour dire en trois phrases qu'il a été, pendant de très longues semaines, impossible de se faire tester, tant la file d'attente des labos était longue. Ensuite, les résultats arrivaient si tard que vous aviez eu le temps de contaminer la moitié de la ville. Enfin, l'encombrement des laboratoires de biologie a aussi empêché ceux qui en avaient besoin d'y avoir accès au plus fort de la pandémie : les personnes âgées et les malades symptomatiques. Compliqué de sortir de chez soi et de faire la queue pendant des heures avec 39 °C de fièvre ou à 80 ans.

On passe aux résultats des tests : je vous ai déjà informés de la façon dont on amplifiait les résultats, et prouvé qu'en faisant 40 à 45 cycles sur le test Covid au lieu des 35 nécessaires, on finissait toujours ou presque par vous trouver du coronavirus quelque part. Je vous parle à présent des tests PCR faux positifs.

Le 19 octobre 2020, le Center for Disease Control and Prevention (le centre américain de contrôle des maladies) livre ses recommandations : il est écrit noir sur blanc que les tests sérologiques ne doivent pas être utilisés pour établir la présence ou l'absence d'une infection ou d'une réinfection par le SARS-CoV-2.

Le 24 novembre dernier, l'une des plus grandes associations de consommateurs italiens, Codacons, donne les résultats d'une enquête sur la fiabilité des tests : 95 % donnent de faux résultats[9]. Neuf procureurs enquêtent depuis pour « fraude aggravée pour l'obtention de fonds publics, fausse idéologie et homicide ».

Autre anecdote prouvant la fiabilité des tests Covid : le 11 décembre, le collectif Laissons-les prescrire, groupement de médecins qui réfléchissent sur la façon de gérer la crise, publie sur Twitter : « Arrrgghhhh. Eh bien nous aussi nous venons de faire le test avec trois gouttes de Coca sur TROD (tests rapides d'orientation diagnostic) achetable dans une pharmacie française… test positif faible mais positif ! Il va falloir nous expliquer l'antigénicité croisée #COVID19 / Coca-Cola #COVID[10]. »

On finit sur la question en parlant de l'autre test que l'on peut faire pour savoir si on est contaminé, à savoir un scanner. Le docteur Patrick Bellier, pneumologue de la région lyonnaise ayant travaillé au service Covid de son hôpital entre mars et mai, confie le 4 septembre 2020 sur le site Covidinfos.net : « Tous les patients suspects devaient passer un test PCR et un scanner du thorax. La quasi-totalité avait une PCR négative, mais par contre tous les radiologues concluaient de la même manière : images compatibles avec une infection Covid. Et zou, le patient était transféré dans le service des Covid. Ces "fameux" radiologues voyaient de l'infection Covid sur des scanners normaux, prenaient des bulles d'emphysème pour de la Covid, prenaient des pneumonies bactériennes à pneumocoques pour de la Covid, etc. Véridique[11]. »

Tests mensongers ? J'y ai beaucoup réfléchi. Et je le dis à regret, car cela me vaudra encore un procès d'intention et des polémiques absurdes, mais je crois que leur fiabilité est incertaine. Comment expliquer alors qu'Olivier Véran, le 7 janvier 2021 encore, mise tout sur les tests ? « On a fait deux fois plus de tests que n'importe lequel de nos voisins avant les fêtes de Noël[12] », dit-il sur BFM TV, fier comme un paon.

Les mensonges sur les contaminations

Le 29 août 2020, le *New York Times* publie une étude réalisée par des chercheurs en santé publique de l'université de Harvard. Et voici ce que le docteur Michael Mina, épidémiologiste ayant participé à l'analyse, révèle : « Jusqu'à 90 % de personnes testées ne seraient quasiment pas porteuses du coronavirus. » Il dit plus loin : « Dans le Massachusetts, à New York et au Nevada, jusqu'à 90 % des personnes testées positives ne portaient pratiquement pas le virus[13]. » Elles n'étaient donc potentiellement pas contagieuses. On parle de l'analyse de la plus prestigieuse fac américaine relayée par l'un des plus grands quotidiens du monde.

Ajoutons à ces propos ceux de près de 80 médecins, chercheurs, microbiologistes... qui déclarent d'une même voix le 11 septembre dernier que le coronavirus n'est pas, contrairement à ce qu'on veut faire croire aux peuples, très contagieux : « Cette affirmation est d'ailleurs rejetée par des experts de renommée internationale. Une simple comparaison avec les autres virus permet de constater que la contagiosité du SARS-CoV-2 est modérée. Ce sont des maladies comme la rougeole qui peuvent être qualifiées de très contagieuses. Par exemple, une personne atteinte de rougeole peut infecter jusqu'à 20 personnes alors qu'une personne infectée par ce coronavirus n'en contamine que 2 ou 3, soit 10 fois moins que la rougeole », écrivent-ils. Cela n'enlève rien à sa dangerosité pour certaines catégories de personnes, c'est juste une donnée à connaître pour définir une politique.

Le 2 novembre dernier, sur le site du gouvernement à la page « Comprendre la Covid-19[14] », on peut lire : « La Covid-19 est un virus dangereux parce que :

- Il est très contagieux : chaque personne infectée va contaminer au moins trois personnes en l'absence de mesures de protection ;
- Une personne contaminée mais qui ne ressent pas encore les symptômes peut contaminer d'autres personnes. »

Y a-t-il dramatisation sur les contagions ? Euh… joker !

Les mensonges sur les confinements

Comment dire que l'étude publiée le 23 avril 2020 par l'École des hautes études en santé publique (EHESP)[15] était parfaitement… absurde ? Ou idiote ? Comment la qualifier ?! Contrairement à ce qu'elle affirme, le confinement n'a pas sauvé 60 000 vies. Et même si Olivier Véran a sauté dessus pour partager sur son compte Twitter d'abord, puis dire sur France Inter ensuite[16], que confinement rimait avec émerveillement, l'étude est laminée neuf jours plus tard par d'éminents chercheurs dans le *Journal international de médecine*. Extrait : « Personne ne peut s'appuyer raisonnablement sur ce type d'étude pour justifier une mesure dont nous n'avons pas fini de mesurer les impacts sanitaires, économiques et sociaux. Alors que l'angoisse et la peine affectent des milliers de familles, il serait sans doute préférable de ne pas induire de telles erreurs, surtout si elles altèrent la décision publique[17]. » Et emballez c'est pesé !

Je n'ajouterai, sur le thème du confinement, que cette information supplémentaire : en janvier de cette année, la très grande majorité des pays a confiné ses habitants à un moment donné. Mais pas tous. Ainsi, en Suède ou au Japon, on ne l'a jamais fait.

Le 25 janvier 2021 en Suède, il y a 11 005 morts.
Le 25 janvier au Japon, il y a 5 193 morts.
Le 25 janvier en France, il y en a 73 636[18].
Le confinement marche ? Mensonge.

Les mensonges sur les chiffres des morts

On fait le maximum à Santé publique France. Mais ça ne les empêche pas de se tromper. Le 18 septembre 2020, l'agence annonce ainsi 123 décès en 24 heures alors qu'il n'y en a en fait que 50. Explication de SPF : « Les dossiers d'admissions et de décès saisis par un établissement de soins d'Île-de-France et qui n'avaient pas été transmis dans la base de données hospitalière SIVIC viennent d'être envoyés de façon rétrospective[19]. » En clair : on s'est gourés mais c'est pas notre faute.

Autre point à éclaircir : Santé publique France, toujours, déclare que la grippe aurait tué 4 000 personnes en 2019/2020, alors que les dix dernières années, elle en a tué 8 000 en moyenne. Certaines mauvaises langues diraient que les morts de la grippe ont été étiquetés Covid.

Le *Daily Mail* semble le confirmer le 24 octobre dernier, en titrant : « La Covid a-t-elle tué la grippe ? Les experts posent la question intriguante alors que les cas de grippe plongent de 98 % dans le monde[20] ». Inutile de vous dire qu'à l'intérieur de l'article, ça dit que non, il y a bien eu des morts grippaux, qu'on range en effet dans les décès coronavirus.

Des médecins vont donner des informations troublantes. Le docteur Dan Bensadoun déclare sur CNews le 25 octobre 2020 : « Toutes les rhino-pharyngites que j'aurais étiquetées rhino-pharyngite les autres années je les étiquette Covid, et on les étiquette Covid[21]. » De très nombreux médecins font ce que celui-ci explique, c'est un secret de Polichinelle dans le métier, mais je suis heureux que ce ne soit pas moi qui le dise en premier. Ça m'aurait encore valu des reproches de toutes parts. Bref, nous ment-on sur les véritables causes des morts de ces derniers mois ? Apparemment oui.

Les vraies raisons des morts maintenant : les comorbidités. Le 26 août dernier, l'autorité sanitaire américaine, le Center of Disease Control and Prevention, présente son bulletin hebdomadaire. Et cette semaine-là, ils présentent un tableau qui révèle, je cite : « Pour 6 % des décès, la Covid-19 est la seule cause mentionnée[22]. » Je fais plus simple encore : 6 % des morts le sont à cause du coronavirus, 94 % avaient des pathologies préexistantes pouvant les tuer, coronavirus ou autre, virus ou pas d'ailleurs.

Autre véritable raison au nombre de morts

imputés à ce virus : l'âge des patients. L'âge moyen des hommes officiellement morts de la Covid est de 81 ans, selon Santé publique France. Et notre espérance de vie est de 79 ans. « Peut-on dire qu'ils sont morts de la Covid alors que de nombreux hommes décédés de la Covid ont été au-delà de leur espérance de vie ? » s'interroge Business Travel.

Je ne m'interroge en revanche pas sur le nombre de morts liés à la Covid. Je sais déjà qu'il y en aura des milliers, peut-être même des millions. Car pendant que le monde a les yeux rivés sur ce virus, les malades de cancers, hépatites, Lyme, embolies… sont mal ou pas soignés, apeurés de se rendre à l'hôpital ou chez leurs médecins. Ces chiffres-là, ces morts-là feront exploser la mortalité de cette année. Nous dira-t-on que ce sont des morts Covid ? Ou nous dira-t-on cette fois la vérité ?

« La Covid-19, le taux de létalité d'après les spécialistes est entre 0,3 et 0,5 %. Ça veut dire que si vous attrapez la Covid, vous avez en moyenne 99,5 % de chances d'en réchapper[23] », explique sereinement le philosophe André Comte-Sponville sur TV5 Monde le 25 septembre dernier, puis sur RTL, France 2, France 5… L'infectiologue que je suis confirme ses dires, comme tous les autres spécialistes.

Les mensonges sur les modélisations

Le 25 septembre dernier, l'Institut Pasteur présente ses prévisions en matière de contaminations pour les mois à venir[24]. Les auteurs, c'est du sérieux. Parmi les signataires de l'étude on trouve Simon Cauchemez, directeur de l'unité modélisation chez Pasteur mais aussi membre du prodigieux Conseil scientifique spécialement créé pour guider notre Président. Quinze pages et 44 graphiques plus tard, on comprend qu'il mise sur un avenir sombre, non, carrément noir. Chaque région est étudiée et va crouler sous les morts, c'est en gros ce que les chercheurs disent. À titre d'exemple, la modélisation prévoit qu'en Normandie, les patients en réanimation atteindront 70 % des places disponibles fin septembre, dans cinq jours donc, puisqu'on est déjà le 25. Mieux : le 15 novembre, la région dépassera 500 % de taux d'occupation, et le reste de la France, en entier, sera dans le rouge écarlate. Un scénario catastrophe s'amorce. Merci Pasteur pour ces nouvelles… fausses.

Olivier Véran, ministre de la Santé et du climat anxiogène, s'empare de la modélisation et voilà ce que ça donne dans son speech du 1er octobre 2020 : « Toutes les semaines, 10 malades en contaminent 30. Tous les trois jours, le nombre de malades double. 100 malades aujourd'hui, c'est 200 malades dimanche, 400 malades mardi prochain, 800 malades vendredi, 1 600 malades lundi en huit, etc.[25] » Non seulement le discours n'est pas déclamé au conditionnel, mais maintenant voyons voir… il parle le 1er octobre et ce jour-là, on a 12 845 nouvelles contaminations (selon les chiffres de son ministère). Si « tous les trois jours, le nombre de malades double », le 4 on en a 25 690 de plus, le 7 octobre on en a 51 380, etc. Sauf que le 7 octobre, on a 10 489 nouvelles contaminations. Chiffres mensongers du ministre ? Ça en a tout l'air.

Pasteur rame un peu quand la rédaction de l'émission « Désintox » de la chaîne de télé Arte l'appelle pour lui demander des explications. L'institut avoue du bout des lèvres aux journalistes « s'être en effet basé sur des tendances un peu trop éloignées dans le temps et avoir insuffisamment pris en compte le tassement de l'épidémie[26]… ». Il sort une nouvelle modélisation le 1er décembre et là, ô surprise, ça dit : « Le nombre de lits de soins critiques occupés par des patients Covid-19 se situe entre 1 600 et 2 600 lits le 15 décembre[27]. » On est passé d'*Apocalypse Now* à *Hélène et les garçons* !

Au tour d'Olivier (Véran), devant ces nouveaux

chiffres, de reprendre la parole. Il s'excuse gentiment de son emballement et fait part du résultat de la nouvelle étude. Dans nos rêves, parce que jamais aucun ministre n'a cité cette analyse. Jamais. Ça ne s'appellerait pas du mensonge par omission ?

Les aveux bien tardifs de l'OMS

L'Organisation mondiale de la santé est financée par les États membres à hauteur de 20 % « et des contributions volontaires, pour les 80 % restants[28] », peut-on lire dans le document définissant le budget de l'OMS du 24 mai 2019. Et qui figure parmi les contributeurs volontaires ? Les labos donc qui financent grassement l'Organisation. Ferait-elle, en retour, montre de reconnaissance ? Ne citons qu'un exemple : le glyphosate. L'herbicide, sorti tout droit du labo Monsanto, arrive sur le marché dans les années 80. L'OMS le déclare sans danger pour l'homme. Les études se multiplient pendant vingt-cinq ans, dénonçant le danger du produit, l'accusant, chiffres à l'appui, d'être responsable de milliers de fausses couches. Et puis d'enfants venant au monde sans jambes, sans bras, ou avec des malformations crâniennes, d'être clairement l'instigateur de 25 000 morts au Sri Lanka.

Décidément, ILS n'ont toujours rien compris !

Car là-bas, beaucoup travaillent dans les champs ; mais on n'a pas fini de dénombrer les décès à travers le monde, cela prendra encore des années. Il faut noter que Monsanto nie toute responsabilité directe dans cette affaire. Finalement, le 20 mars 2015, l'OMS classe timidement le pesticide comme « cancérogène probable ou possible[29] ».

8

~~Liberté~~, égalité et fraternité

Décembre 2019, on fait face à un virus inconnu, obscur, mystérieux… On braque tous nos yeux sur les chaînes d'info, une seule chose en tête : sauve-qui-peut ! sauf qu'on ne va pas pouvoir se sauver. Le mal est partout. Nos hommes politiques ont le visage fermé, les scientifiques aussi car, nous dit-on, il faut avoir peur.

On fait peur avec les chiffres

Pendant des mois, tous les soirs, Jérôme Salomon a égrené le nombre de morts Covid, a donné celui des nouveaux malades, au lieu de dire qu'il s'agissait de nouvelles contaminations. Au lieu de dire que 90 % des cas positifs à la Covid s'en sortiront. Les ministres enchaînent les conférences de presse, les allocutions, courent les plateaux télé, pour relayer les chiffres alarmistes, que dis-je, terrifiants.

Certains médecins, de leur côté, épanchent leurs angoisses aux heures de grande écoute, clament que l'hôpital ne pourra pas faire face : pas assez de lits, pas de personnels, pas de protections. Et vous, devant vos téléviseurs, vous êtes tétanisés.

Le directeur de l'Institut de virologie de l'hôpital universitaire de Bonn, Hendrik Streeck, déclare : « Nous avons affaire à un virus grave, mais il ne faut pas dramatiser. Ce virus n'est mortel que pour quelques-uns[1]. » Jamais aucun homme politique ne le citera. Jamais aucun homme politique ne citera les milliers d'autres chercheurs, virologues, infectiologues émérites qui le clament. À la place, on vous balance des chiffres, des courbes, des graphiques, opaques à qui n'est pas médecin. Tremblez !

On fait peur avec les mots

« Nous sommes en guerre », a dit le Président le 16 mars 2020. À maintes reprises. Neuf mois plus tard, jour pour jour, il justifie, dans les colonnes de l'hebdomadaire *Le Point*, l'emploi de ses mots en disant qu'il « fallait créer un électrochoc ». Il a réussi. Nous avons bien compris, puisqu'il l'a martelé, que nous allions devoir combattre. Et un ennemi qui a l'avantage, car invisible. On crée de l'angoisse, parfois de la panique, assurément. Plus encore lorsqu'il annonce le 14 octobre : « Ce virus, il est dangereux et grave pour tout le monde. On sait qu'il tue », et « On s'était progressivement habitués à être une société d'hommes libres, nous sommes une nation de citoyens solidaires ». On comprend bien là, dans ces derniers propos, que chacun va devoir être en marche et au pas, pour le bien commun.

Le 24 janvier 2021, un médecin dit de la Covid que c'est « un virus diabolique et plus intelligent qu'on ne le pense ». Ce médecin, c'est Jean-François Delfraissy, le président du Conseil scientifique, chargé de nous sortir de la crise. Si lui affiche sa peur, les Français peuvent frissonner.

Au-delà d'un vocabulaire ouvertement inquiétant, avec ces phrases choc, courtes, qui s'impriment donc dans nos têtes, on utilise des mots nouveaux, pour bien marquer le moment, en tout point inédit : cluster, confinement, couvre-feu, quarantaine, gestes barrières, distanciation sociale, présentiel, distanciel, attestations…

On fait peur avec les images

Les médias relaient évidemment tous les instantanés de la crise et c'est normal. Les images des transferts de malades en train médicalisé, celles des médecins qui courent dans les couloirs des hôpitaux français, ceux, à l'autre bout du monde, qui enchaînent les tests en combinaison étanche, celles des visages intubés, des sacs mortuaires s'empilant, des familles qui pleurent. D'infirmières aussi, en larmes, expliquant qu'elles tremblent de rentrer chez elles, car leurs voisins les menacent, craignant qu'elles contaminent tout l'immeuble… Ambiance.

Alors que l'Allemagne diffuse un spot publicitaire amusant pour dire que la guerre contre le coronavirus se fait dans son canapé à manger des chips, la France prend une autre option : celle de nous terroriser. Mi-septembre, on peut voir sur toutes les chaînes de télé un clip, commandé par le ministère de la Santé : une grand-mère inconsciente sur un lit d'hôpital, « elle désature » peut-on entendre, comprenez « elle meurt », car son petit-fils l'a froidement tuée… en l'embrassant.

Et pendant ce temps-là…

Le gouvernement étend ses pouvoirs

Le décret du 16 mars 2020. Il réglemente les déplacements des Français, leur interdisant notamment de sortir de leur domicile, sauf exceptions.

La loi du 23 mars 2020. Elle donne maintenant le droit aux gouvernants de restreindre ou interdire la circulation, elle autorise la mise en quarantaine, exige la fermeture provisoire d'établissements, accorde la réquisition des biens et des services. Elle sera mise en œuvre pendant deux mois. Sur la base de cette loi, on déclare l'état d'urgence sanitaire.

La loi du 11 mai 2020[2]. Elle allonge l'état d'urgence jusqu'au 10 juillet. Et ajoute : la possibilité de réglementer l'accès aux transports, aux lieux publics, aux réunions. Le gouvernement a maintenant aussi le droit « de procéder à des réquisitions de personnes ». On étend le pouvoir du gouvernement jusqu'à autoriser « la création de traitements de données à caractère personnel permettant, par dérogation au principe du secret médical, de traiter des données relatives aux personnes infectées par le virus et aux personnes ayant été en contact avec elles, y compris sans leur consentement ». Sans leur consentement, donc. C'est une première.

La loi du 9 juillet 2020[3]. Elle organise la sortie de l'état d'urgence sanitaire prévu pour fin octobre, avec « allègement graduel des restrictions ». Graduel ? C'est-à-dire ? Pas d'infos.

Le décret du 14 octobre 2020[4] déclare à nouveau l'état d'urgence sanitaire, sur l'ensemble du territoire national.

La loi du 14 novembre 2020[5] autorise l'allongement de l'état d'urgence jusqu'au 16 février 2021.

Le projet de loi du 21 décembre 2020[6]. Il demande « un régime pérenne de gestion des urgences sanitaires ». Le Premier ministre veut, en plus de toutes les restrictions qu'il nous a déjà collées, que « certaines activités » soient à l'avenir autorisées après « la présentation des résultats d'un test de dépistage établissant que la personne n'est pas affectée ou contaminée, au suivi d'un traitement préventif, y compris à l'administration d'un vaccin, ou d'un traitement curatif ».

Serait-il, l'air de rien, en train de dire que le vaccin sera obligatoire ? C'est ce que pense l'opposition, qui bondit comme un seul homme. Le Conseil d'État répond au gouvernement : « On se calme, on en reparle après la crise ! », en des termes un peu plus policés. Le Premier ministre ne retire cependant pas son texte, qu'il dépose à l'Assemblée nationale… Il va falloir le surveiller celui-là !

Le projet de loi du 9 février 2021[7] prolonge

à nouveau l'état d'urgence sanitaire, jusqu'au 1er juin 2021. Ensuite sans doute y en aura-t-il un autre, qui demandera encore une prolongation, puis un autre… parce que notre gouvernement, vous l'aurez compris, n'a jamais cessé de demander plus de pouvoir dans chacune des lois qu'il a fait passer. Du coup, ça va avec quelques petits changements.

On fait taire les opposants politiques

Le 17 mars 2020, une commission est créée à l'Assemblée nationale pour dire en gros ce qu'elle pense de la gestion de la crise par le gouvernement. C'est formidable, un vrai contre-pouvoir, d'autant que dedans il y a quand même trente députés chargés de faire des rapports réguliers, et même des enquêtes si la commission le juge utile.

On peut lire, le 27 janvier 2021, sur le site de l'Assemblée nationale : « La mission d'information a mis fin à ses travaux[8]. » Rassurez-vous, tout s'est décidé dans le respect de la démocratie : on ne sait pas qui vote, et la consultation amenant à l'arrêt s'est faite à huis clos.

Le 2 février, la députée LREM Yaël Braun-Pivet, qui faisait partie de cette commission, demande, dépitée, à l'antenne de Sud Radio, de « la transparence dans les décisions, dans les raisons qui ont motivé les décisions, transparence dans les documents, dans les informations à disposition pour prendre les décisions, plus on sera transparent, plus on concertera, plus on informera, plus on permettra au Parlement de contrôler, mieux la démocratie se portera… ». Rien à ajouter. Sauf que le gouvernement prend toutes les décisions seul, et ça commence à se voir.

Le 20 juin dernier, le député LR Julien Aubert harangue un député LREM dans l'hémicycle. « Est-ce que vous avez voté la composition du comité scientifique et auditionné ses membres avant leur nomination ? Moi pas. Est-ce que vous avez été associé, avez voté la stratégie des tests, des masques, la stratégie de confinement ? […] Est-ce que vous avez voté le couvre-feu ? Figurez-vous que la Knesset [Parlement israélien], elle a 24 heures pour rejeter les mesures qui sont prises par le gouvernement dans le cadre de l'état d'urgence […] ça, c'est un Parlement. »

La France est le seul pays qui ne consulte pas ses élus avant de décider.

En revanche, c'est un pays qui crée de nouvelles institutions comme le Conseil de défense par exemple. Ce comité, composé du Président, du Premier ministre, des ministres de la Défense, de l'Intérieur, de l'Économie, chargé du Budget et des Affaires étrangères, n'est en général activé qu'en cas de guerre. Oui, de guerre ! Emmanuel Macron le sollicite beaucoup, par exemple sur les attaques terroristes, ce qui semble de bon aloi. Par contre, sur la crise Covid, il va falloir nous expliquer.

De toute façon, leurs réunions sont classées secret-défense ! « Et si la question est de savoir si dorénavant le président de la République doit être suivi par un journaliste avec une GoPro qui doit filmer la totalité des décisions, des rencontres, des échanges du président de la République, vous savez très bien que c'est vain », dit Christophe Castaner le 3 février sur BFM TV. Il ajoute ensuite : « Que les personnalités, les ministres, qui travaillent avec le président de la République, soient tenus au secret est une bonne chose. »

On notera tout de même qu'Olivier Véran, lui, déclarait la veille le contraire, sur ce mystérieux Conseil : « Je sais que c'est un réflexe humain de croire dans ces circonstances qu'on nous cache des choses, mais ce n'est pas la stratégie du gouvernement : sa stratégie, c'est la transparence la plus totale. » En fait, notre ministre le cache bien, mais il a beaucoup d'humour.

Gabriel Attal, le porte-parole du gouvernement,

l'avait assuré le 28 janvier dernier : « La méthode qui a été la nôtre depuis le début de cette crise [...] cette méthode, c'est évidemment la transparence totale. »

Assurément ! Comme le confirme Jean-Luc Mélenchon. Il demande d'où sort le plan de confinement, en ces termes : « Pas de l'Assemblée, pas du gouvernement, il vient du Conseil de défense, un gouvernement secret qui ne rend pas de comptes, élu par personne ! » C'est une bonne synthèse.

Je résume : depuis le début de la crise, le gouvernement s'est dit : d'abord, on fait peur avec des chiffres, des mots et des images flippants. Quand le peuple est tétanisé, on étend nos pouvoirs, et tiens, si maintenant on allait encore plus loin ? Chiche ?

On disqualifie les voix divergentes

Toute personne – femme ou homme politique, médecin de renom, intellectuel quel qu'il soit – en désaccord avec le discours dominant est désormais stigmatisé, dénigré. Comment on fait ? On le traite de complotiste, on suggère qu'il a « des liens » avec l'extrême droite, bien sûr. Qu'il est

« allumé ». Ça a un peu fonctionné sur Didier Raoult. Ce collègue est classé meilleur expert français en infectiologie sur Expertscape (le site de référence). En moins de temps qu'il n'en faut pour avaler un cachet d'hydroxy, il est catapulté « fou furieux », petit nom que l'Élysée lui a donné (*Gala* du 24 mars 2020[9]), avant que le Président et sa femme ne finissent par le rencontrer ouvertement quelques mois plus tard à Marseille. Pour le professeur Montagnier, Prix Nobel, on n'a qu'à dire qu'il est sénile. Ça a marché. Un autre médecin, le professeur Fourtillan, a fait un petit tour par l'asile dernièrement, avant d'être finalement relâché.

On les censure

Je ne compte plus les vidéos supprimées, comptes YouTube, Facebook, Twitter fermés, parce qu'ils diffusent officiellement de fausses infos, officieusement un avis qui détonne. Dans une tribune publiée en juin sur le site d'info américain The Hill, Jonathan Turley, professeur de droit à l'université George-Washington, déclare : « La triste ironie est de voir que la France prend la tête des pays visant à restreindre la liberté d'expression. Autrefois bastion de la liberté, la

France est aujourd'hui devenue l'une des plus grandes menaces mondiales contre la liberté d'expression[10]. »

On les punit

Côté médecins, c'est le Conseil de l'Ordre qui tape du poing sur la table : le docteur Erbstein prescrit de l'azithromycine. Il communique avec deux autres médecins, pour dire que, génial les amis, ça marche ! Il s'attend à un coup de fil, si ce n'est d'Olivier Véran, au moins d'une autorité sanitaire. Il reçoit à la place celui du président de l'Ordre. Pour vous la faire courte, il lui dit de la fermer dans les médias. Comme il ne s'exécute pas, il est poursuivi.

La docteure Sabine Paliard-Franco traite ses patients touchés par la Covid avec un autre traitement, jamais tenté avant. Elle dit obtenir des résultats spectaculaires. Des journalistes l'appellent, sont rembarrés. Elle n'est « pas autorisée par le Conseil de l'Ordre à parler à la presse ».

Moi, je m'exprime depuis des mois, je dénonce tout ce qui me paraît faux, contre-productif ou même dangereux, je suis destitué de mon poste de chef de service et multimenacé de poursuites. Comme je ne bouge pas de mes positions, on attaque les médias qui m'invitent. Le 16 décembre 2020, le CSA (Conseil supérieur de l'audiovisuel) met RMC en demeure pour m'avoir reçu, sans « maîtrise de l'antenne », lit-on. C'est énorme. En clair, les journalistes n'auraient jamais dû m'inviter. J'apprends ça, je suis scié. Totalement par hasard, bien sûr, je regarde qui nomme le président du CSA. Je vous laisse deviner : son prénom commence par un E et son nom de famille par un M.

Allez, en marche pour la suite.

On te dit quand avoir une vie sociale

À Noël, tu peux, mais pas le jour de l'an. Pas le reste du temps non plus. Les promenades sont limitées, les déplacements privés ou de loisirs interdits. Les réunions de famille, c'est non ! Tu veux aller voir des amis : non ! Faire la noce : non, pas de banquet famille-amis. Tu dois enterrer ton père ? T'inquiète, il ne saura pas que tu n'es pas là, il est mort. Donc ça aussi, c'est non ! Ça date de l'ère Édouard Philippe, mais on s'en souvient.

On te dit comment avoir une vie sociale

Vous serez six à la maison ! à table ! partout ! Six max, tu comprends ?! « Si on est une famille de sept, huit, neuf ou dix, on peut évidemment continuer à avoir une vie familiale normale. Mais on essaie, quand on invite des amis, de ne pas être plus de six à table », dit le Président le 14 octobre dernier. Traduction : prépare-toi à faire plusieurs services. Et mets des chaises sur ton palier, que tes invités n'attendent pas debout. À la Nativité, « on coupe la bûche de Noël en deux et papi et mamie mangent dans la cuisine », comme le dit le professeur de médecine Rémi Salomon. A priori, aucun lien de parenté avec Jérôme, si ce n'est visiblement une propension commune à faire des sorties comiques.

Le 10 septembre 2020 sur France Info, Bruno Lina explique que le Conseil scientifique (dont il fait partie) veut des « bulles sociales[11] », c'est-à-dire déterminer le nombre de personnes que chaque Français aura le droit de rencontrer en dehors du foyer. Il ne définit malheureusement pas le profil de ceux qu'on est autorisés à fréquenter. Tranche d'âge ? couleur de peau ? religion ? influences politiques ? Ce n'est pas précis, c'est regrettable…

On te dit où acheter

Pas dans les petits commerces, tu vois bien qu'on n'arrête pas de les fermer ! Non, tu achètes dans les grandes surfaces, s'il n'y a pas trop de clients. Tu n'as que le samedi pour faire tes courses ? Tu achètes sur Internet ! C'est bien, ça ; ça va mettre un peu de beurre dans les épinards des GAFAM, les géants d'Internet. Jeff Bezos, le patron d'Amazon, aimerait bien s'acheter un pays, or il ne pèse que 113 milliards de dollars en Bourse et il est encore ric-rac, donc si tu pouvais l'aider…

On te dit comment te distraire

Pas au ciné, pas au théâtre, pas au musée, pas à la bibliothèque, pas dans un parc de loisirs, ni couvert ni en plein air… devant la télé, tiens ! C'est bien, ça aussi ! Il y a toujours un ministre, membre du Conseil scientifique ou de vaccination, qui est sur une chaîne pour dire que si tu ne fais pas ce qu'on te dit, on va tous y rester.

On te dit comment faire l'amour

Tout seul, c'est le mieux, mais si tu es en couple, alors d'accord tu peux garder ta Julie ou ton Jules. Vous avez le droit de consommer en binôme, mais n'oublie pas de mettre ton masque ! Bon, ça c'est en Belgique. Mais au rythme où notre gouvernement nous brime, je lance les paris qu'on se prend le conseil dans l'année.

On te dit quand parler

Ça, c'est chez nous ! Ça les prend le 22 janvier à l'Académie nationale de médecine[12]. Elle dit qu'on ferait bien de la boucler dans le métro. Ne pas parler face à face, ne pas parler au téléphone. J'ajoute à ces recommandations la mienne : ne vous regardez pas non plus. Je trouve qu'ils ne vont pas assez loin ! Du nerf, messieurs, on est en guerre !

On t'infantilise

« Les Français ne sont pas traités comme des citoyens libres mais comme des demeurés incapables de comprendre ce qui se passe », déclare l'avocat Charles Consigny, dans les colonnes du *Figaro* le 15 octobre. Je ne vois pas du tout pourquoi il dit ça. Serait-ce à cause de la tribune de pontes médicaux parue un mois avant, appelant à « siffler la fin de la récré » ? Serait-ce à cause de cette déclaration de la ministre Roxana Maracineanu, le 28 septembre dernier : « Il faut continuer à être disciplinés comme vous l'êtes » ?

Si c'est à cause de ça qu'il a l'impression qu'on parle aux Français comme à des gamins, qu'il ne visionne jamais de vidéos d'Olivier Véran parlant aux journalistes depuis le début de la crise… C'est tout juste s'il ne leur dit pas de prendre leur doudou et de filer au lit !

On choisit à ta place, on sait ce qui est mieux pour toi

Librairies : pas essentielles. Fleuristes : pas essentiels. Vêtements d'enfants de plus de 3 ans : pas essentiels, salles de sport : pas essentielles. Ferme-moi ces magasins ! Ils iront au supermarché. Ils seront nombreux, mais on leur dira que, là, c'est comme dans le métro aux heures de pointe, ça ne craint pas. On leur fait bien croire que le confinement de toute la population, c'est utile !

Les confinements

« On ne peut pas confiner et déconfiner en permanence[13] », dit le président du Medef.

« On a confiné des familles avec probablement un des membres positifs, et là vous pouvez être assuré que l'ensemble va être contaminé[14] », dit le virologue Pierre Charneau, directeur du laboratoire commun Pasteur-Theravectis.

L'OMS dit deux fois aussi (une fois en avril 2020 et dernièrement) ne pas préconiser le confinement comme mesure principale de lutte contre l'épidémie.

J'ajoute à cela les chiffres de la Suède. Elle ne confine pas, et a trois fois moins de morts que nous. Les confinements répétés mènent les économies à la mort, ou en tout cas en réanimation. Sauf qu'il n'y aura pas assez de lits. Qui dit explosion de la dette dit coupes dans le budget de l'hôpital. C'est chaque fois ça, et, croyez-moi, je sais de quoi je parle.

Pourquoi n'avoir jamais essayé le confinement des personnes vulnérables ? Pourquoi, alors qu'on sait que c'est elles que le virus tue ? Pourquoi décider d'enfermer tout le monde ?

Les couvre-feu

En voilà une idée qu'elle est bonne aussi ! Regrouper tous les gens aux mêmes horaires, brillant ! D'ailleurs, les populations adorent. Aux Pays-Bas, pays qui ne se révolte jamais-jamais, il y a eu des émeutes en pagaille, de la casse à tout-va pendant des nuits et des nuits. Le cri de ralliement : « À bas le couvre-feu ! » Il y a aussi des manifestations en Espagne, en Allemagne, Autriche, Danemark, Italie... Pourquoi pas en France ? Sachant qu'on est quand même le pays de la *ronchonnerie* (on peut se l'avouer). Ah ça y est, je sais !

On t'interdit de manifester ton mécontentement, c'est dangereux pour les malades !

En vrai, on ne t'interdit pas, mais attention : vous devrez être six (ouh, la grosse manif qui fera peur aux gouvernants !). Vous devez respecter les heures de couvre-feu et les gestes barrières.

Concrètement, comment ça se passe ? Tu veux battre le pavé ? OK, mais tu sais que ça finira au poste. Quoi, vous n'avez pas vu le décret du 29 octobre 2020[15] ? Et entendu aucun ministre en parler ? C'est normal, pas un mot là-dessus. Pour que vous soyez au fait, voici ce que ça dit : « Les rassemblements, réunions ou activités sur la voie publique ou dans un lieu ouvert au public, mettant en présence de manière simultanée plus de six personnes, sont interdits. » Voilà, un problème évacué.

On tue la révolte dans l'œuf

En janvier 2021, un restaurateur puis un groupement appellent pour le 1er février à la désobéissance. Ils disent qu'ils vont rouvrir leurs établissements, malgré l'interdiction. Le gouvernement les prend visiblement pour des rigolos, puisqu'il faut attendre le jour de la grogne pour voir notre ministre de l'Économie en parler. Enfin, en parler, c'est inexact. Menacer serait plus précis : « Tous ceux qui restent ouverts seront suspendus pendant un mois de l'accès au fonds de solidarité. Et si jamais il y a récidive, ils n'y auront plus accès du tout[16] », annonce Bruno Le

Maire le matin du 1er février. Les restaurateurs plient.

On te culpabilise si tu n'obéis pas

Je vous ai déjà parlé de cette pub atroce, qui montre une dame mourante après avoir été embrassée par son petit-fils. J'ajoute à cette campagne toutes les fois où l'on vous explique que vous ne portez pas le masque pour vous, vous ne respectez pas les gestes barrières pour vous, vous ne rentrez pas vous coucher comme les poules pour vous mais pour sauver des vies. Celles des personnes âgées ou à la santé fragile. Non mais vous réalisez tout de même à quel point vous êtes égoïste quand vous allez vous balader en montagne ou en forêt, seul, sans masque ? Tout le monde va crever à cause de vous ! Les ministres le martèlent depuis le début de l'épidémie, il faudrait voir à ce que ça rentre, tout de même !

Si tu persistes, on te sanctionne

1,1 million de contraventions pour non-respect du premier confinement[17].

255 000 verbalisations pour non-respect du second confinement.

110 000 pour non-respect du couvre-feu[18].

45 000 pour non-port du masque[19].

À 135 euros l'amende, ça comble un peu les déficits de l'État. Ça explique peut-être l'augmentation de l'enveloppe de frais allouée aux députés. Vous ne saviez pas ? Depuis le 1er février, ils touchent 2 842,50 euros de plus sur l'année[20] ! En pleine crise sanitaire et économique, c'était urgent, non ?

On te félicite quand tu te tiens sage

Olivier Véran, le 17 septembre dernier : « Je tiens à saluer les efforts quotidiens consentis par les Français. »

Jean Castex, le 12 janvier, dit à propos des fêtes de fin d'année : « Je crois qu'on pourra dire que les Français se sont bien comportés. »

Marlène Schiappa le 23 janvier : « Les Français sont très responsables. »

Je ne cite que ces trois ministres-là, mais sachez qu'ils y sont tous allés de leur petit compliment quant à nos agissements. Du coup, je crois qu'on peut légitimement espérer un su-sucre à l'été.

On active le syndrome de Stockholm

Ce syndrome, c'est quand le prisonnier finit par partager l'avis du ravisseur. Quand il aime finalement être pris en otage. Et figurez-vous que cette crise a révélé que nombre d'entre nous en étaient atteints.

Fabien Roussel, patron des communistes, exige le 3 novembre dernier « un confinement strict, dur, ferme ». Olivier Faure, patron du PS, appelle le 12 janvier sur BFM à « des mesures drastiques ». Éric Ciotti, ténor de LR, demande « des décisions plus lourdes ». Je ne cite qu'eux, faute d'avoir un an pour lister tous les hommes politiques ayant à un moment donné joué les masos. Je dirai juste que le syndrome de « oh oui, fais-moi mal » s'est pas mal distillé dans le corps médical aussi. Une tribune signée par plusieurs médecins dans le journal *Le Monde* prône « le confinement strict et précoce ». Le professeur Alexandre Mignon, anesthésiste-réanimateur de l'hôpital Bichat, dit quant à lui vouloir un « confinement vite, fort et dur ». Le coquin…

On a le syndrome de Dieu

Là, tout le monde sait que je parle d'Emmanuel Macron. Qui décide de tout, seul, ce que confirme son ancien ministre de l'Intérieur Christophe Castaner, ce 3 février sur BFM : « Le président de la République n'a pas vocation à être contrôlé. » Ah bon ? et moi qui croyais en la Constitution… L'article 64 dit pourtant : « Le président de la République est garant de l'indépendance de l'autorité judiciaire ; dans l'exercice de cette fonction, il est assisté par le Conseil supérieur de la magistrature. » Et moi qui croyais que pour les décisions politiques il devait consulter les députés, les sénateurs peut-être aussi… je me suis trompé ?

On crée des tyrans

Olivier Véran le 4 novembre dernier : « Sortez d'ici ! » dit-il – hurle-t-il serait plus juste – dans l'hémicycle aux députés qui se plaignent de la gestion de la crise. Décidément, je suis largué en politique. Je croyais que le Parlement était, comme son nom l'indique, un lieu pour parlementer, discuter. Mea culpa, encore une fois.

Olivier Véran encore. Dans la nuit du 13 au

14 octobre dernier, les sénateurs doivent voter la prolongation de l'état d'urgence sanitaire. Et ils ne sont pas très chauds. Dans la foulée, notre ministre déclare : « Le gouvernement prend acte du vote du Sénat, qui, s'il était confirmé à l'issue de la navette parlementaire, impliquera la réouverture de l'ensemble des établissements recevant du public. » Là, vous n'avez que les mots, mais je vous conseille d'aller regarder les images. Vous verrez ce qui s'appelle une bonne vieille colère : teint rouge, gouttelettes de transpiration, œil noir, gesticulation, entre autres. Pas content du tout, du tout, Olivier. Alors qu'il n'y a pas de quoi se mettre dans tous ses états, comme il le dit : « S'il était confirmé à l'issue de la navette parlementaire. » Je vous ai déjà dit que : 1. Tout était décidé sans le Parlement. J'ajoute que : 2. Si jamais le gouvernement décidait à nouveau de gérer le pays démocratiquement, de toute façon, il est majoritaire à l'Assemblée. Donc une colère pour rien.

Les petits dictateurs se réveillent aussi

Le 6 octobre dernier, le célèbre professeur Axel Kahn sur l'antenne de France Culture déclare :

« Face à une pandémie, c'est un inconvénient d'être dans une démocratie[21]. » Relisez bien cette phrase, elle est glaçante.

Début novembre, on apprend qu'un petit paquet d'élus réclament la quarantaine obligatoire des personnes infectées par la Covid, avec contrôles bien sûr, et une amende de 10 000 euros si elles mettent le nez dehors. Est-il utile de préciser qu'il s'agit de députés LREM ?

Depuis qu'il y a couvre-feu, voici ce que Gérald Darmanin vous a concocté, si vous êtes en infraction trois fois dans le mois : « Une amende de 3 750 euros, passible de six mois d'emprisonnement[22]. »

« Des jeunes qui font des fêtes alors que ce n'est pas autorisé, ce n'est pas 150 euros d'amende, il faut leur mettre 10 000 euros d'amende », demande pour sa part l'épidémiologiste Martin Blachier le 4 novembre sur LCI.

Christophe Barbier, journaliste sur BFM TV, chaîne sur laquelle il officie, déclare le 10 novembre dernier : « Instaurons donc une règle : si vous n'êtes pas vacciné, vous ne pouvez plus aller au restaurant, au théâtre ou prendre l'avion. Vous êtes de vous-même retiré de la vie collective, vous êtes autoconfiné. Il faudra avoir son certificat de vaccination comme un laissez-passer pour être dans la société. »

J'irai, sur le thème « tu vas morfler, vilain réfractaire à l'autorité ! », un chouïa plus loin en proposant des sévices physiques. Et puis des gratifications à ceux qui dénoncent aussi.

On se moque de la façon dont on est perçu à l'étranger

Quand le *New York Times* accuse Emmanuel Macron d'abus de pouvoir[23], on est surpris. Bon, c'était en 2017, bien avant la crise, mais déjà, pour eux, il y avait une dérive autoritaire. L'article s'intitule « Les pouvoirs sans entraves d'Emmanuel Macron ». Ensuite, on peut lire que le président français pourrait « être tenté d'abuser du pouvoir exécutif » en imposant « une restriction permanente des droits constitutionnels des citoyens français », notamment. Et le temps a passé.

Quand l'hebdomadaire allemand *Die Zeit*, qui tire à 500 000 exemplaires par numéro, parle d'« Absurdistan autoritaire[24] », il faut lire que notre pays a « donné l'une des réponses les plus autoritaires à la crise sanitaire », mais qu'en plus notre bilan de morts est catastrophique, tout ça n'est pas très reluisant. Lire aussi toujours sous la plume du grand journal allemand : « Attestations pour quitter la maison ou courir devant chez soi, vigiles pour surveiller les jouets : le verrouillage de la France est tellement répressif » ou encore : « Le déploiement policier contre une poignée de seniors sur une plage de Biarritz, longue d'un kilomètre, est l'une des conséquences des nombreuses règles autoritaires décidées par le gouvernement. » Ou enfin, qu'« il y a des panneaux d'avertissement ou des vigiles devant les étagères avec des ours en peluche afin que les clients n'achètent rien d'interdit »... Ça déprime...

Jusqu'à quand allons-nous accepter d'être restreints dans nos libertés les plus élémentaires ? Comme l'académicien François Sureau le disait sur France Inter déjà en 2019 : « Je ne désespère pas de voir ce qui nous caractérise fondamentalement en tant que français, en tant qu'européens et en tant qu'occidentaux qui est l'amour de la liberté au péril de toutes les aventures et de tous les risques, reprendre le dessus après une période marquée par la trouille généralisée et le gris préfectoral[25]. »

On peut ajouter ces propos de l'historien Howard Zinn : « La désobéissance civile n'est pas un problème. Notre problème, c'est l'obéissance des gens du monde entier qui voient pourtant la pauvreté, la famine, la stupidité, la guerre et la cruauté. Notre problème, c'est que les gens soient obéissants, alors que les prisons sont remplies de petits voleurs, et que de grands délinquants dirigent le pays. C'est cela notre problème[26]. »

9

Nostradamus reprend du service !

Le 4 mai 1555, Michel de Nostredame, dit Nostradamus, publie *Prophéties*, un premier livre auquel d'autres succéderont. À l'intérieur de ses ouvrages, le médecin, apothicaire (on dirait pharmacien aujourd'hui) et astrologue, prédit l'avenir…

Il écrit par exemple : « Le sang du juste à Londres fera faute, Bruslez par foudres de vingt-trois les six, La dame antique cherra de place haute, De mesme sectes plusieurs seront occis. » Traduction (parce que je parle couramment le vieux français) : après l'exécution du roi Charles Ier (le Juste), Londres brûlera l'année aux trois 6. En effet, l'incendie a lieu en 1666. « La dame antique » serait la cathédrale Saint-Paul, où des gens de plusieurs religions se réfugient pour échapper à l'incendie et meurent carbonisés, c'est vrai. Je n'ai pas dit que Nostradamus est mort un siècle avant sa prédiction…

Il prédit aussi :

- Le gouvernement de Vichy et le maréchal Pétain : « D'un chef vieillard naistra sens hebeté, Degenerant par scavoir et par armes : Le chef de France par sa sœur redouté, Champs divisés, concedez aux gendarmes. »
- La mort d'Henri II en duel : « Le Lyon jeune, le vieux surmontera, En champ bellique par singulière duelle, Dans cage d'or les yeux lui crèvera, Deux classes une, puis mourir, mort cruelle. » Le roi a été tué par un jeunot, qui lui a crevé l'œil, il a souffert, mortellement en effet.
- La création de l'État islamique : « Il entrera vilain, meschant infame Tyranisant la Mésopotamie Tous amis fait d'adultérine dame Terre horrible noir de phisionomie. » La Mésopotamie, c'est l'Irak et la Syrie. Quant à « noir de phisionomie », regardez la couleur du drapeau de l'État islamique.

Des divinations comme celles-là, Nostradamus en a fait des tas. De quoi ficher la frousse. D'autant que le gars a visiblement passé le flambeau à certains de nos contemporains…

2003, la série télé américaine *Dead Zone* annonce un virus venu de Chine, provoquant de « fortes fièvres et des complications respiratoires[1] ». Elle parle d'une quarantaine obligée pour les infectés. Et dont le remède, accrochez-vous, serait : l'hydroxychloroquine ! Allez voir l'épisode 14 de la saison 2 !

2009, Mouammar Kadhafi est à l'ONU. Il dit à la tribune que les services de renseignement travailleront main dans la main avec l'industrie pharmaceutique. Qu'ils développeront des virus pour vendre des vaccins et faire des profits[2]. On ne peut pas dire que le Nostradamus libyen ait toujours été bien inspiré. Je rappelle qu'il a quand même été sauvagement tué, ce qu'il n'a pas vu venir. Mais on note sa prédiction. Et on prie pour qu'il ait faux.

2009 toujours, Alexandre Adler préface un livre qui s'appelle *Le Nouveau Rapport de la CIA*. L'ouvrage diffuse les écrits du service de renseignement américain. L'historien explique aujourd'hui : « Au lendemain du SRAS [en 2004 donc] ils avaient fait alors des prospectives en cas de pandémie planétaire et ses conséquences sur les grands équilibres du monde. Dans le classement des possibles maladies, ils avaient prophétiquement envisagé le coronavirus (Covid-19)[3]. » Ajoutons que dans un sous-chapitre intitulé « Le déclenchement possible d'une pandémie mondiale », les agents de la CIA préviennent de la possible « apparition d'une nouvelle maladie respiratoire humaine virulente, extrêmement contagieuse ». Gloups…

2010, la fondation Rockefeller publie un document. Il s'intitule : « Scénario pour l'avenir de la technologie et du développement international ». Dedans, on a tous les ingrédients de ce qu'on vit aujourd'hui[4] : pandémie mondiale à cause d'un coronavirus, confinements, contrôles, effondrement de l'économie… Mis à part cette dernière possibilité, pas d'actualité mais à prévoir en effet, ça glace. D'autant que la fondation dit que ça commencera en décembre 2019. Non mais vous croyez tout ce qu'on vous dit ? Tout est vrai, sauf la date, qu'ils n'ont évidemment jamais donnée !

2011, l'Union européenne produit une BD[5]. Elle n'est destinée qu'à ses employés. Le titre de la bande dessinée est *Infected*, et c'est vrai que là, on peut se demander si Nostradamus ne s'est pas réincarné en l'un des cinq auteurs. Le livre commence par un nouveau virus, provenant d'un laboratoire chinois, et qui se propage comme une traînée de poudre dans le monde entier. Ensuite, on y lit les solutions proposées par les scientifiques, à savoir un plan de santé mondialisé et unique. Fortiches les gars !

2013, un chanteur répondant au doux nom de Dr Creep, c'est-à-dire Dr Sale Type, chante un titre de son cru, répondant, lui, au doux intitulé de « Pandemic[6] ». Les paroles décrivent une épidémie mondiale, avec millions de morts, arrêt des économies et émeutes. Mais, plus fort encore, il donne l'année dans un de ses couplets : « 2020 combinée avec le coronavirus, les corps s'empilent. » Si parmi vous, quelqu'un a ses coordonnées, je veux bien une consultation plus poussée. Le type a clairement un don.

2015, la RAI, télévision italienne, diffuse un reportage, tourné en Chine, dans un labo. Le commentaire off explique et montre d'ailleurs aussi des biologistes faisant des expériences – jouant les apprentis sorciers serait un terme plus adéquat. Parce que voici la traduction de la vidéo : « C'est un groupe de chercheurs chinois qui attachent une protéine prélevée sur des chauves-souris au virus du SRAS, la pneumonie aiguë dérivée de souris. La sortie est un supercoronavirus qui pourrait affecter les humains[7]. » Balèzes, les Chinois, non ? Parce qu'ils sont en train, sans le savoir, en labo, de faire ce que la nature reproduira quatre ans plus tard.

2016, Jérôme Salomon envoie une note au futur candidat à la présidentielle, Macron. Le document n'est pas censé fuiter de l'ordinateur de l'envoyeur ou du destinataire, mais pas de pot, il est piraté, avec d'autres mails, notes, petits mots. L'affaire prend le nom de « Macronleaks ». Bref, le 5 septembre 2016, Jérôme dit : « Il faut se préparer à faire face aux situations sans précédent donc hors cadre, inconnues jusqu'à aujourd'hui voire impensables[8]. » On peut clairement dire qu'on a affaire à un extralucide. Don qu'il n'utilise pas assez, quel dommage ! On aurait bien aimé qu'il prédise la pénurie de masques au début de l'épidémie…

2017, Anthony Fauci, conseiller médical de nombreux présidents américains, fait un speech, le 12 janvier exactement[9]. C'est au Centre pour la science et la sécurité de la santé mondiale. Au moment où il parle, on est à huit jours de l'investiture de Trump. Et voilà que le docteur déclare, à l'oral, que Donald devra affronter une épidémie de maladie infectieuse pendant sa présidence. Jusque-là, on se dit que le bonhomme a du nez, il est médecin, et on sait tous que les épidémies surgissent vaguement à intervalles réguliers. Sauf que Fauci dit que Donald y fera face « sans aucun doute ». Dès lors, deux solutions : soit le docteur, fan absolu d'Hillary Clinton (il signe les mails qu'il envoie à l'ex-candidate : « Dr Admirateur »), compte créer un virus de ses mains, pour éliminer Trump. Soit il est médium. Je préfère affirmer que c'est la seconde option. Aux États-Unis, on a le procès facile.

2019, un organisme institué notamment par l'OMS, dont la tâche est de prévenir les épidémies, publie un rapport intitulé « Un monde en danger[10] ». Ce comité s'appelle le GPMB (Global Preparedness Monitoring Board). Sur la couverture du rapport, on voit des visages masqués et un virus, d'accord. Mais ce qui est plus étonnant, c'est ce qu'on lit : « Préparez-vous à une pandémie mondiale de coronavirus. » On pourrait dire qu'après tout, ça ne mange pas de pain de dire ça, il y a de fortes chances qu'en effet il y ait une épidémie un jour, et qu'en effet ce serait bien que les pays se préparent, mais je trouve beaucoup plus plaisant de dire qu'ils étaient médiums.

Ah, j'allais oublier de dire que dans le rapport, on peut aussi lire que « les Nations unies mènent au moins deux exercices de formation et de simulation [...] dont un portant sur la dissémination délibérée d'un agent pathogène respiratoire mortel ». Allez, on dit qu'ils sont médiums. Définitivement !

2019 toujours, en octobre précisément. Le Forum économique mondial, en partenariat avec la Fondation Bill et Melinda Gates, organise un exercice de simulation[11]. Que simulent-ils ? la pauvreté ? Non, ils ne sauraient pas faire. Ils simulent une épidémie. Je détaille : autour d'une table, des scientifiques qui évaluent les risques d'une pandémie prennent des décisions visiblement vachement difficiles parce qu'il y a du frottement de menton, du sourcil froncé et de la lèvre crispée. Je rappelle qu'on est deux mois avant le début de la nôtre, de pandémie. Cette info, reprise partout, y compris par des flots de journalistes, oblige l'organisateur de la simulation à rédiger un communiqué. Et voilà ce qu'il écrit : « Pour clarifier les choses, le Centre de sécurité sanitaire et ses partenaires n'ont pas fait de prédiction pendant cet exercice de simulation. Pour ce scénario, nous avons modélisé une pandémie de coronavirus fictive, mais nous avons explicitement précisé qu'il ne s'agissait pas d'une prédiction[12]. » J'appuie les dires de ce monsieur, par principe, à savoir : ne jamais dire de mal de Bill Gates. Ou vouloir passer de nombreuses années devant les tribunaux.

2020, le 16 mars, l'Imperial College d'Angleterre publie un document[13]. Il s'agit d'une modélisation, c'est-à-dire une prévision de ce qui pourrait se passer à l'avenir avec la Covid. C'est l'épidémiologiste Neil Ferguson et son équipe qui signent l'étude et voilà ce qu'elle annonce : 510 000 morts au Royaume-Uni et plus de 2,2 millions aux États-Unis. C'est un peu moins tranché que ça. Il dit que le virus serait « susceptible » de causer tous ces morts, mais tout de même, ça prévoit l'Apocalypse ! L'histoire n'est pas finie. Le rapport est donné à Boris Johnson, qui fait un virage à 520 degrés en un clignement de cils. Il passe de : même pas peur de la Covid, je bécote des personnes âgées à l'hôpital, sans masque, j'éclate de rire devant les caméras quand on me demande si j'ai peur, à : plus personne ne sort de chez lui, ceux qui toussent, c'est isolement forcé ! Tout le monde met un masque ! Oui ! À la maison ! Et on se lave les mains 21 fois par jour ! J'exagère un peu, mais très peu.

Il n'est visiblement pas le seul à lire le rapport Ferguson. Le lendemain, le 17 mars, Emmanuel Macron nous confine.

Il nous avait déjà fait le coup, l'épidémiologiste anglais, de la prévision catastrophiste en 2002. Il prédisait d'ici à 2080 jusqu'à 150 000 personnes pouvant mourir d'une exposition à l'encéphalopathie spongiforme bovine, la maladie de la vache folle. En Angleterre, il y a eu 177 décès dus à l'ESB et aujourd'hui, on ne craint plus cette maladie.

En 2005 aussi, il avait prédit jusqu'à 150 millions de morts de la grippe aviaire ! Total : 282 morts dans le monde ! Et je ne vais pas dire qu'en 2009 il avait aussi prévu 65 000 Britanniques morts de la grippe porcine, alors qu'il y en a eu 457.

Pourquoi je range Ferguson dans ce chapitre ? Parce qu'il n'aurait jamais pu prévoir une telle catastrophe s'il avait bossé, regardé les chiffres, les graphiques. Il s'est forcément tiré des cartes, il a fait tourner un pendule ou regardé les lignes de sa main pour prévoir de telles idioties.

J'ajoute que c'est très malin d'annoncer des choses invérifiables ! Moi-même, porté par sa lancée, je prédis ce jour que si la chasse cesse, on évitera la mort de millions de chevreuils. On va dire 5 millions.

2020, le 9 octobre. Jean-François Delfraissy prédit sur BFM TV, un matin tôt, l'œil cerné, la mèche brouillonne, que « ça va durer[14] ». Il parle du coronavirus bien sûr. Mais voilà qu'il prophétise ensuite que ce virus durera jusqu'à l'été ! Comme l'année dernière donc… Ce que savent tous les infectiologues. Le virus prolifère en hiver. On a un sacré médium face à nous, mesdames messieurs !

2020 toujours, le 28 octobre. Dans son discours, notre Président déclare : « Nous pourrions – certains le préconisent – ne rien faire, assumer de laisser le virus circuler. C'est ce qu'on appelle la recherche de l'immunité collective, c'est-à-dire lorsque 50, 60 % de la population a été contaminée. Le Conseil scientifique a évalué les conséquences d'une telle option. Elles sont implacables : à très court terme cela signifie le tri entre les patients à l'hôpital. Et d'ici quelques mois, c'est au moins 400 000 morts supplémentaires à déplorer[15]. »

Il nous fait une fergusonite. Il prédit des trucs invérifiables puisqu'on a pris d'autres options, bien vu ! Parce que d'où sortent ces chiffres ? D'une étude que deux membres du Conseil scientifique ont réalisée, et qu'ils ont publiée dans la revue *Nature Reviews Immunology*. L'étude a ensuite fait l'objet d'une projection mathématique, c'est-à-dire un truc qui foire chaque fois (cf. Ferguson) et bam, Emmanuel Macron nous le déclame. Adepte de la divination, assurément !

2020, le 3 novembre. Catherine Smallwood, responsable des situations d'urgence à l'OMS-Europe, déclare à une équipe du journal *Le Parisien* : « Une chose est sûre, le virus est avec nous pour toujours. » On pourrait dire qu'elle est clairement dépressive, mais on préfère dire qu'elle est médium, elle aussi. Une médium dépressive.

Décidément, ILS n'ont toujours rien compris !

2021, le 12 janvier. La responsable scientifique de l'OMS, Soumya Swaminathan, annonce : « Nous n'allons pas atteindre [...] l'immunité collective en 2021. » Prédiction que je valide, puisque nous risquons de manquer de vaccins, de seringues, d'aiguilles ou, pire, de bon sens. Dans ce domaine, la pénurie est partie pour durer.

10

L'avenir nous appartient !

Si la crise sanitaire (ou sa gestion) a fait des milliers de morts en France, il faudrait ajouter toutes les victimes indirectes de cette pandémie – malades dont les opérations ont été sans cesse repoussées, suicides, sans compter les PME et les commerces acculés à des faillites douloureuses... Même la nature sortira laminée de cette épreuve. Je sais, ça remonte le moral.

L'avenir médical

Outre les trop nombreux morts Covid, il y aura ceux morts de n'avoir pas été dépistés pour d'autres pathologies. Le 23 mars 2020, ça fait quelques jours qu'on est en confinement. Édouard Philippe, alors Premier ministre, déclare que les sorties médicales doivent être réservées à des « soins urgents, sur convocation d'un médecin ». Je m'étrangle. Si je comprends bien, c'est à votre toubib de vous proposer de venir consulter. Plus à vous de demander à le voir. On prend donc le médecin pour un médium. Ou alors, autre interprétation : ne consultez pas, si c'est pour autre chose que la Covid. Je reçois dans la foulée des coups de fil de collègues, aussi inquiets que moi de cette annonce… folle !

Le 24 mars, lendemain de l'allocution, le Collège national des généralistes enseignants dégaine. Il dit que la « détérioration de la qualité des soins et de la surveillance de tous les patients fragiles et polypathologiques risque d'augmenter les hospitalisations et la mortalité liées aux autres causes que la Covid[1] ».

Le 25 mars, c'est le Collège de médecine générale qui gronde : « Mettre en pause les soins de santé primaire, c'est enclencher une bombe à retardement[2] ! » dit-il dans un communiqué.

Le 8 avril, des soignants signent ensemble une mise en garde : « Dans ce contexte particulier, nous, 350 soignants de premier recours, médecins généralistes, pharmaciens, psychiatres, IDE (infirmiers diplômés d'État), pédiatres, oncologues, gériatres, cardiologues, sages-femmes, kinés, etc. venant de toutes les régions de France, avons le devoir d'alerter la population française et les autorités sanitaires : les autres problèmes de santé ne doivent pas être négligés[3] », écrivent-ils. Ils ont évidemment raison.

Depuis que le coronavirus est là, les patients ne viennent plus. Il y a ceux qui ont peur d'être contaminés, ceux qui ne veulent pas déranger, et ceux, donc, qui suivent les directives officielles. Résultat : le CHU de Bordeaux par exemple, fin mars 2020, constate une baisse de moitié des patients se présentant pour un AVC. Le docteur Mathieu Bernard-Le Bourvellec, cardiologue de l'Institut Cœur Paris Centre, déclare : « Au début du confinement, nous n'avons vu personne pendant deux semaines. C'est comme s'il n'y avait plus de crises cardiaques[4]. » Sauf qu'il y en a encore. 40 000 personnes succombent chaque année à un arrêt cardiaque. Qui peut dire avec certitude qu'il n'y en aura pas 80 000 fin 2021 ?

400 000 cancers sont détectés chaque année. On a aujourd'hui 23 % de dépistages en moins. Axel Kahn, le président de la Ligue nationale contre le cancer le 4 février sur Europe 1, dit qu'à cause de la Covid « pratiquement 100 000 cancers n'ont pas été détectés[5] ». Qui dit pas détecté dit pas soigné. Comme le confirme le généticien : « Il y a des milliers de malades atteints de cancer qui mourront dans les cinq ans de

leur cancer parce que, en effet, leur maladie n'a pas été détectée et traitée de manière optimale durant cette période. »

Je pourrais énumérer toutes les autres maladies qui seront fatales dans les prochaines années, la faute à la Covid-19, certes, mais aussi à une politique sanitaire muette sur cette question essentielle pendant de très longs mois. La première fois qu'on entend un ministre s'inquiéter d'autres maux que le coronavirus, c'est le 10 avril, et c'est Olivier Véran. Il dit aux députés LREM lors d'une visioconférence : « On a un recul inquiétant sur les maladies chroniques, la vaccination des nourrissons, le dépistage du cancer du sein, de cancer colorectal. S'il vous plaît, communiquez là-dessus ! On n'a pas besoin de se taper une deuxième vague de maladies chroniques derrière[6] ! »

Quel dommage que ce jour-là, ou un autre d'ailleurs, il n'ait pas dit qu'il s'en faisait aussi pour les patients dont le suivi était suspendu. Parce que ceux-là, on peut les compter, mais il va nous falloir plus que les doigts d'une main. L'isolement social nous rend moins étanche aux bactéries et autres virus. Le fait de ne plus ou peu voir le jour comme c'est le cas avec le confinement ou le couvre-feu hivernal fait également chuter les défenses immunitaires. Le peu d'activité fragilise, comme vous l'imaginez, l'os et ses articulations. Quel dommage, vraiment, que notre ministre, pourtant médecin, n'ait pas eu le temps de nous le dire.

Il était trop occupé à marteler : « La vaccination contre le coronavirus ne sera pas obligatoire », notamment le 22 décembre au JT de TF1. Alors qu'on sait que le Premier ministre a présenté un projet de loi (le matin même !) pour décider ou non de nos sorties en fonction, entre autres, de notre carnet de vaccination. Même si le projet est – pour l'instant – enterré, le passeport sanitaire est prêt à ressortir à tout moment des tiroirs... Sauf si on est en pénurie de vaccins... de papier... de tampons... d'encre...

L'avenir psychologique

Le 23 mars 2020, il y a un an donc, Santé publique France lance l'enquête CoviPrev[7]. Elle a pour but de suivre les comportements des Français (respect de telle ou telle autre mesure barrière), et aussi leur santé mentale. On a les résultats le 2 février dernier. Voici le constat : « La prévalence des états dépressifs avait été multipliée par deux entre fin septembre (11 %) et début novembre (23 %). »

Un sondage Ifop révèle le 11 novembre dernier que 20 % des Français ont des pensées suicidaires. Un an plus tôt, c'était 5 % !

Autrement dit, il y en a quatre fois plus.

Santé publique France encore : « Quelles que soient les conditions de vie, la peur, l'inquiétude (pour sa santé et sa situation économique), la colère ou encore les sentiments de solitude et d'isolement sont associés à une santé mentale plus dégradée[8]. » Pourquoi parler de colère ? Aucune colère. En tout cas de ma part. Même si je n'ai jamais entendu Frank Bellivier s'exprimer sur le sujet. Vous ne voyez pas qui c'est ? Eh bien c'est le délégué ministériel à la Santé mentale. Vous ne saviez pas qu'on avait un gars au gouvernement chargé de ça ? Visiblement, Emmanuel Macron non plus.

Bon allez, maintenant on parle des enfants. Des décisions que le gouvernement a prises, en dépit des risques sur leur psychisme. Et qu'aucun ministre n'aille en plateau dire dans quelque temps, le visage penché et l'œil humide, qu'il ne savait pas. Parce que depuis le début de l'épidémie des centaines de psys, de neurologues, pédiatres et bien d'autres, d'innombrables études aussi, sonnent la corne de brume.

J'aurais besoin de trop de place pour toutes les consigner. Et on pourrait m'accuser en plus de les choisir savamment pour abonder en ce sens : à savoir que ce gouvernement est inconséquent (et je choisis mes mots pour ne pas accabler des ministres qui commencent à donner des signes de fatigue !). Pour ne pas avoir à répondre à des attaques prévisibles, je ne citerai qu'un seul rapport, celui émanant de l'Assemblée nationale le 16 décembre dernier[9]. Organe d'État, on ne dira pas qu'ils veulent sciemment attaquer le gouvernement. Ce serait même a priori le contraire. Dans la commission, on a pas mal de députés LREM.

Voilà maintenant ce que dit le rapport :

« Une moindre contribution des enfants aux chaînes de contamination. » Bon à savoir qu'ils ne risquent rien. Et nous avec eux non plus d'ailleurs.

« Les effets négatifs du recul de l'activité physique et de déséquilibres alimentaires. » En effet, des études prouvent que certains enfants ne mangent qu'un repas par jour, à la cantine. Donc le confinement leur dit bon appétit !

« Des changements de comportement parmi les enfants en bas âge et en âge scolaire, susceptibles d'exprimer un sentiment d'insécurité. » Parfait. Et en même temps logique. Les infos sont anxiogènes, les parents flippés et leur maîtresse masquée. Ils sont par classe à la récré et n'ont pas le droit de jouer ensemble. Entre autres. Et ils entendent le mot « mort » au moins une fois par jour.

Du coup, on n'est pas étonné de lire ensuite : « Un récit qui fait de l'enfant et du jeune un coupable potentiel. » N'enlève pas ton masque ou tu seras responsable d'avoir contaminé ton copain ! Lave-toi les mains ou quelqu'un peut mourir à cause de toi. Etc.

« Des séquelles possibles dans le développement personnel des jeunes », dit le rapport. Je confirme. En enlevant « possibles ». Une tribune signée par 23 psy- (chologues-thérapeutes-chanalystes…) le 5 décembre dernier énumère les symptômes courants depuis le début de la crise. Je ne peux pas non plus tous les citer : « Angoisse, troubles du sommeil, démotivation, retrait émotionnel, baisse d'énergie […], peur constante, sidération, anxiété chronique […], tics, problèmes de peau, troubles respiratoires et asthmatiques inédits pour des enfants ne présentant pas de symptômes antérieurs, bouffées de chaleur […]. Le développement de traits hypocondriaques et des retours d'énurésie chez des enfants déjà grands (par exemple des enfants de CM2 qui avaient acquis la propreté depuis longtemps) ont également été constatés. » Ajoutez à cela des diagnostics d'hyperactivité en pagaille depuis le début de la crise, une régression dans l'empathie (puisqu'on est à l'ère « Ne t'approche pas !!!), dans les apprentissages aussi (masque aidant).

Je m'arrête là. Gageons que l'avenir sera meilleur. Sachant qu'on peut difficilement faire pire qu'en ce moment.

L'avenir social

Cette crise nous aura changés pour mille et une raisons, car nous avons été choqués. De l'apparition du virus, et plus encore de la violence des décisions qui en ont découlé. Mais ce qu'elle aura aussi profondément changé, c'est la façon dont nous vivons : télétravail, téléconférence, télé-enseignement, téléconsultations et qui sait peut-être un jour télélicenciement… Oh la belle société pas du tout déshumanisée qui se profile ! Je pense pour ma part que le tout numérique n'est pas un progrès. Il va de pair avec la solitude, empêche l'échange spontané, les rencontres, nous fait nous délaisser. Après tout, pourquoi nous habiller puisqu'on fait tout de la maison ? Pourquoi nous lever à heures fixes puisqu'il n'y a plus de séparation entre les heures travaillées et le temps passé à domicile ? Nous allons vers une société qui, si nous n'y prenons pas garde, accouchera de générations sans repères. De jeunes ayant un écran pour unique miroir. C'est déjà problématique en soi, ça les isole du monde vivant, mais ça détruit aussi, à terme, les familles.

Il y a par ailleurs les foyers qui n'ont pas les moyens d'investir dans le numérique. Pour ceux-là, point de salut non plus. Dans la société qu'on nous promet, ces familles seront tout simplement exclues. Le décrochage scolaire en a été la preuve, les étudiants en faculté aussi. Nombre d'entre eux n'ont pu passer leurs examens, faute d'être connectés. Il y a aussi les personnes âgées, qui ne savent pas se servir d'ordinateurs… exclues elles aussi !

À l'avenir donc, si nos gouvernants, comme ils le font depuis un an et demi, nous incitent à être connectés, nous serons en revanche tous déconnectés les uns des autres.

Autre problème social à l'horizon : l'explosion déjà visible de la misère. Selon le rapport de l'Unicef du 10 décembre 2020 : « Le nombre d'enfants vivant dans une pauvreté multidimensionnelle a augmenté de 15 % pour atteindre environ 1,2 milliard dans le monde[10]. » Il n'y aura pas 1,2 milliard de morts de la Covid. Mais 1,2 milliard d'enfants sacrifiés, on l'accepte ?

Et je ne parle pas des violences intrafamiliales qui font atrocement rage depuis le début de l'épidémie. Non, pardon, depuis qu'on nous colle des confinements et couvre-feu à répétition. Un parent qui perd son boulot, ou que son patron met sur pause, s'angoisse. Certains boivent, et dans ce cas ce sont leurs enfants qui trinquent. Une étude réalisée par le CHU de Dijon et l'Inserm révèle, sept mois après le premier confinement, que les violences à l'encontre des enfants ont augmenté de 50 %[11].

Les femmes, aussi, paient le prix fort de la séquestration. Les violences conjugales, lors du premier confinement, sont en hausse de 40 % ! Ces chiffres sont effrayants à l'extrême. Comment le gouvernement peut-il seulement penser à opter pour l'enfermement ?

L'avenir économique

« C'est un choc qui n'a de comparaison qu'avec la grande récession de 1929[12] », déclare Bruno Le Maire le 10 juin 2020 à l'Assemblée nationale. Je vous dis ce qui s'est passé après la crise de 29 ? Sachez déjà qu'elle est considérée comme la plus grande crise économique ayant jamais eu lieu. Chômage record, baisse des salaires, faillite des banques, protectionnisme, montée des extrêmes… et guerre une décennie après.

Fréderic Jeanjean, secrétaire général de l'UMIH (Union des métiers et des industries de l'hôtellerie), dit le 23 septembre dernier sur BFM qu'« il y aura beaucoup plus de morts économiques que de morts de la Covid ». On le croit, parce que tous les économistes le disent.

Le « quoi qu'il en coûte » est une belle idée, et je ne suis pas ironique en le disant, je le pense. Tout médecin est d'accord avec Emmanuel Macron : « La santé n'a pas de prix. » Sauf que la note, un an après le début de cette politique, monte à 186 milliards d'euros. Et ajoutez les 100 milliards du plan de relance, après la crise. Bon, en même temps, je ne sais pas pourquoi je m'inquiète de ça, le gouvernement assure qu'il n'augmentera pas nos impôts. Et bien sûr, je le crois…

Et sinon, côté éco, un sondage de McKinsey & Co. paru le 22 octobre dernier, révèle, sur l'avenir des PME (petites et moyennes entreprises) en Europe, que « plus de la moitié estimait que leur entreprise ne survivrait pas plus de douze mois[13] » car, disent toutes ces entreprises essentielles, moyennement essentielles ou plus du tout selon l'humeur gouvernementale, « la crise liée au nouveau coronavirus a diminué les revenus de 70 % d'entre elles ».

Les étudiants à présent. Plus de boulot pour eux depuis le début de l'épidémie. Et des distributions alimentaires à tout-va. La présidente de l'association Etudébrouille dit que depuis fin octobre elle a triplé son nombre de bénéficiaires. Elle ajoute que : « C'est dur de se concentrer sur ses études quand on doit déjà se demander comment on va pouvoir manger. »

La politique de fermeture des « commerces non essentiels », restaurants, lieux touristiques, où travaillaient énormément d'étudiants, est définitivement insensée. Et cette génération ouvertement crucifiée. La Covid ne les tue pas ? Les ministres nous servent alors le couplet de la solidarité.

Ont-ils seulement demandé aux personnes âgées ce qu'elles pensaient de cette politique ? Je n'ai aucun doute sur leur réponse. Sûr que les aînés choisiraient de se confiner pour que jeunesse se passe… bien.

La consommation des Français aussi fait partie du sujet. La Banque de France déclare que « le contexte global de forte incertitude », continue « de peser sur les comportements d'achats ». Quand on a peur de manquer, forcément, on se tricote un bas de laine. Et si on l'a déjà, on le garde au chaud. Il n'y a jamais eu autant d'argent sur les livrets épargne des Français : 110 milliards d'euros dorment dans les banques.

Muriel Pénicaud s'en était tant émue lorsqu'elle était ministre du Travail qu'elle avait demandé au peuple français, le 29 mai dernier, de dépenser son épargne pour relancer l'économie. Une idée qui allait forcément être suivie, puisque douze jours plus tard, Bruno Le Maire, à l'Assemblée, déclarait : « Nous aurons d'ici les mois prochains la suppression de 800 000 emplois. » Emmanuel Macron était encore plus optimiste, puisque lui annonçait le 14 juillet que jusqu'à « 1 million de chômeurs en plus sont à craindre au printemps 2021 ».

J'ai beau entendre ce que disent le ministre de l'Économie et le président de la République, je vous incite comme moi à suivre le conseil avisé de Dame Pénicaud. Souvenez-vous que le 19 mars 2020, deux jours après le début du confinement, c'est elle qui nous avait demandé de retourner travailler : « Les règles, c'est de rester chez soi, sauf pour aller acheter de l'alimentaire, il faut bien manger, prendre un rendez-vous chez un médecin ou aller travailler[14]. » Elle nous manque, Muriel…

Bon, j'en finis sur l'économie par de bonnes nouvelles. Une seule en fait, mais c'est déjà ça : les jeux de société se vendent très bien. En 2020, ce marché fait un bond de 32 millions d'euros par rapport aux années précédentes. C'est une augmentation de 40 % des ventes. Vous savez ce qu'il vous reste à faire : inventer des jeux. Mais bien sûr que si, vous avez le cœur à ça !

L'avenir écologique

La Fondation pour la recherche sur la biodiversité révèle les résultats d'une étude le 15 mai 2020 : « Ce rapport établit qu'il est fort probable qu'un lien existe entre cette pandémie et la dégradation de l'environnement[15]. »

Sur ces questions, Emmanuel Macron est sur le pont. « L'écologie, combat du siècle[16] », c'est écrit sur le site de l'Élysée. Mais contre qui, le combat ? Bah contre notre Président qui a dernièrement distribué des milliards aux secteurs automobile et aérien, un chouïa polluants et sans contreparties environnementales.

Apparemment, on ne peut pas compter sur lui pour les questions environnementales. D'autant que, depuis quelques mois maintenant, son gouvernement communique désormais sur le fait que les masques en tissu ne servent finalement à pas grand-chose. Du coup, on en revient tous aux masques jetables. Ajoutez à cela les bouteilles de gels hydroalcooliques qu'on consomme depuis maintenant un an comme des baguettes de pain, et comprenez que ça fait des tonnes et des tonnes de déchets… pas forcément recyclables. Le plastique, la Terre adore !

Voilà, il me semble qu'on a fait le tour de ce que l'avenir nous réserve, du moins possiblement. Et vu que tout ça découlait des merveilleuses décisions que le gouvernement français a prises.

« Je n'ai aucun doute sur le fait que vous prendrez les bonnes décisions[17] », avait dit Édouard

L'avenir nous appartient !

Philippe à Jean Castex lors de la passation de pouvoir le 3 juillet dernier.

Je valide ces propos pour ma part. Et ris nerveusement ensuite.

Notes

1. « Le premier qui dit la vérité, il doit être exécuté »

1. Le 15 juin 2020, je réponds à une interview sur BFM : « La France aurait pu éviter entre 20 et 25 000 morts de la Covid. »
(https://fr.news.yahoo.com/coronavirus-professeur-christian-perronne-eu-190822111.html)
2. Interdiction de donner de l'hydroxychloroquine en ville, par décret du 23 mars.
(https://www.legifrance.gouv.fr/jorf/id/JORFTEXT000041755775/)
3. Interdiction de donner de l'azithromycine, le 9 juin en France.
Expéditeur : dgs-urgent@dgs-urgent.sante.gouv.fr
Date : 9 juin 2020 09:26 : 28 UTC+2
Destinataire : undisclosed-recipients :
Objet : [DGS-URGENT] 2020-INF-37 Usage des anti-infectieux dans la Covid-19
4. Combien y a-t-il de morts en Allemagne ? 20, le 16 juin.

(https://fr.wikipedia.org/wiki/Pand%C3%A9mie_de_Covid-19_en_Allemagne)

Combien en France le même jour depuis le début de la pandémie ? 29 547. Source : DGS.

(https://www.europe1.fr/sante/en-direct-coronavirus-suivez-levolution-de-la-situation-mardi-16-juin-3975204)

5. Le 18 juin 2020, sur CNews : « J'ai perdu mon beau-frère parce qu'il était hospitalisé à Nantes, il aurait pu être sauvé par le traitement (...) ».

(https://actu.orange.fr/societe/videos/morandini-live-le-pr-perronne-s-en-prend-aux-medecins-ils-ont-laisse-crever-mon-beau-frere-CNT000001qXrDl.html)

6. Le 15 octobre 2020, sur Sud Radio : « un médecin généraliste qui déclare un test Covid positif d'un de ses patients touche de l'argent ».

(https://www.youtube.com/watch?v=H5n1eYHO0Kg)

7. L'Ordre portait plainte contre moi le 10 décembre dernier.

(https://www.nouvelobs.com/coronavirus-de-wuhan/20201222.OBS37891/l-ordre-des-medecins-porte-plainte-contre-didier-raoult-et-christian-perronne.html)

8. Martin Hirsch a dit : « Le professeur Christian Perronne a tenu des propos considérés comme indignes de la fonction qu'il exerce. »

(https://www.francetvinfo.fr/sante/hopital/ap6hp-christian-perronne-est-demis-de-ses-fonctions-pour-des-propos-indignes-de-la-fonction-qu-il-exerce_4223433.html)

9. En France, 30 000 médecins, 30 000 soignants et plus de 100 000 citoyens se sont regroupés sous la bannière « Coordination santé libre ».

(https://www.youtube.com/watch?v=uwXVAr8lHLQ)

10. Le collectif « Réinfo Covid » compte aujourd'hui quelque 14 250 membres.

(https://reinfoCovid.fr/le-collectif-reinfoCovid/)

11. Les « Soignants pour une politique sanitaire juste et proportionnée » regroupe 400 médecins, chercheurs, soignants et citoyens.

(https://france3-regions.francetvinfo.fr/provence-alpes-cote-d-azur/bouches-du-rhone/marseille/Covid-tribune-pres-300-scientifiques-denoncent-mesures-gouvernementales-disproportionnees-1878840.html)

12. En Allemagne, ACU rassemble 2 000 médecins.

(https://Covidinfos.net/Covid19/un-groupe-de-medecins-allemands-lance-un-appel-international-a-faire-la-lumiere-sur-la-crise-du-coronavirus-et-sa-gestion/1575/)

Ils sont 1 300 en Espagne, appelés « Médecins pour la vérité ».

(https://www.medicosporlaverdad.com/)

24 110 aux États-Unis.

(https://cv19.fr/2020/10/25/preuves-que-la-pandemie-etait-planifiee/?fbclid=IwAR0qeNIZF-GYpip2fv5XEsFd3ah2GwWqPQZyHCvEpMAPIgI589kKZgYSmIk)

« World doctors alliance », groupement de plus de 13 000 docteurs et soignants du monde entier.

(https://t.me/worlddoctorsalliance)

13. Le Dr Roger Hodkinson, virologue canadien, est l'ancien président du prestigieux comité du Collège royal des médecins et chirurgiens d'Ottawa.

(https://westernmedical.ca/employees/roger-g-hodkinson/)

14. Tasuku Honjo : « s'est exprimé de façon un peu virulente dans les médias nationaux japonais sur la nécessité d'une action gouvernementale plus rapide et agressive ».

(https://www.liberation.fr/checknews/2020/04/27/le-prix-nobel-tasuku-honjo-a-t-il-affirme-que-le-coronavirus-avait-ete-cree-par-l-homme_1786549/)

15. Prix Nobel de la paix en 2018, Denis Mukwege, gynécologue, quitte ses fonctions de président et vice-président de deux instances officielles chargées de gérer la pandémie dans une province du Congo.

(https://www.lepoint.fr/afrique/Covid-19-en-rd-congo-denis-mukwege-quitte-la-commission-de-riposte-11-06-2020-2379522_3826.php)

16. Le président du Conseil européen de la recherche, Mauro Ferrari, a aussi démissionné de son poste le 8 avril 2020, se déclarant « extrêmement déçu par la réponse européenne » à la pandémie, dans un communiqué.

(https://www.lemonde.fr/sante/article/2020/04/08/demission-du-president-du-conseil-europeen-de-la-recherche_6035930_1651302.html)

17. Les six qui composaient le Comité de surveillance des essais Covid-19 de l'AP-HP ont renoncé, le 5 mai dernier, à leurs fonctions à cause d'« un vif désaccord ».

(https://www.aphp.fr/contenu/programme-dessais-therapeutiques-corimuno-19-nomination-dun-nouveau-comite-de-surveillance)

18. Au Brésil, on a un ministre de la Santé qui démissionne le 17 avril 2020 et celui d'après le 15 mai.

(https://www.france24.com/fr/20200516-Covid-19-au-br%C3%A9sil-la-gestion-de-crise-de-jair-bolsonaro-fait-tomber-un-deuxi%C3%A8me-ministre-de-la-sant%C3%A9)

19. En Allemagne, c'est le professeur Thomas Aigner, ponte de la géo scientifique.

(https://www.francesoir.fr/politique-monde-societe-sante/allemagne-demission-du-pr-aigner-acte-dexpression-de-son-desaccord)

20. En Suisse, Stefan Kuster, chef de la division Maladies transmissibles de l'Office fédéral de la santé publique (OFSP), quelques mois seulement après son entrée en fonction.

(https://www.24heures.ch/le-depart-surprise-de-m-corona-redistribue-les-cartes-567771536820)

21. Le Dr Miriam Esther Veras Godoy, responsable de la vaccination contre la Covid-19 au Mexique, a démissionné de ses fonctions le 17 janvier.

(https://www.marseillenews.net/divertissement/tv/demission-en-charge-du-programme-de-vaccination-contre-Covid-118073.html)

22. Le professeur Alexander Chuchalin a quitté le conseil d'éthique du ministère russe de la Santé.

(https://www.fr24news.com/fr/a/2020/08/le-meilleur-medecin-russe-demissionne-suite-a-des-violations-flagrantes-de-lethique-qui-se-sont-precipitees-via-le-vaccin-Covid-19.html)

23. Aux États-Unis, c'est Scott Atlas qui démissionne de son poste de conseiller spécial auprès de Donald Trump sur le coronavirus.

(https://www.courrierinternational.com/article/etats-unis-scott-atlas-le-conseiller-controverse-de-trump-sur-le-Covid-19-demissionne)

24. Le 10 septembre 2020 dans *Le Parisien*, 35 chercheurs et docteurs signent une tribune pour demander au gouvernement de revoir sa politique et sa stratégie de communication dans la gestion de la lutte contre l'épidémie.

(https://www.leparisien.fr/societe/Covid-19-nous-ne-voulons-plus-etre-gouvernes-par-la-peur-la-tribune-de-chercheurs-et-de-medecins-10-09-2020-8382387.php)

25. 17 jours plus tard, ils sont 350 scientifiques fran-

çais de plus, à signer un papier commun sur Mediapart pour dénoncer les mesures gouvernementales « disproportionnées ».

(https://blogs.mediapart.fr/laurent-mucchielli/blog/270920/il-est-urgent-de-changer-de-strategie-sanitaire-face-la-Covid-19)

26. Le même jour, plus de 250 scientifiques, universitaires et professionnels de santé écrivent une autre tribune, à paraître sur le site internet du *JDD* qui finalement renonce à la diffuser.

(https://blogs.mediapart.fr/laurent-mucchielli/blog/270920/il-est-urgent-de-changer-de-strategie-sanitaire-face-la-Covid-19)

27. Le collectif Médecins 974, qui rassemble 14 docteurs à La Réunion, rédige une lettre ouverte pour demander l'allègement des mesures sanitaires le 27 septembre, puis une tribune sur la liberté de prescrire le 5 novembre dernier.

(https://la1ere.francetvinfo.fr/reunion/l-agence-regionale-de-sante-repond-au-collectif-Covid-medecins-974-876414.html)

(https://www.ipreunion.com/courrier-des-lecteurs/reportage/2020/11/04/tribune-du-collectif-Covid-medecins-974-la-liberte-de-prescrire,126778.html)

28. Le 29 août, 300 personnes selon la police manifestent à Paris.

(https://www.francebleu.fr/infos/faits-divers-justice/entre-200-et-300-personnes-reunies-a-paris-pour-une-manifestation-anti-masque-1598712671)

29. Le 29 octobre, 200 Parisiens, autant de Toulousains et de Castrais protestent. À Rouen et à Cambrai aussi, ce jour-là on descend dans la rue.

(https://www.lavoixdunord.fr/886236/article/2020-10-30/

coronavirus-des-manifestations-anti-confinement-paris-et-plusieurs-villes-de)

30. Le 7 novembre 2020, 5 000 personnes battent à nouveau le pavé à Toulouse.

(https://france3-regions.francetvinfo.fr/occitanie/haute-garonne/toulouse/Covid-pres-5-000-personnes-rues-toulouse-reclamer-davantage-moyens-sante-1892442.html)

31. Le 14 novembre, 1 500 personnes défilent à Nice.

(https://www.lexpress.fr/actualite/societe/en-images-a-nice-une-manifestation-pour-plus-de-coherence-dans-la-lutte-anti-Covid_2138666.html)

Le 15 décembre, c'est le monde de la culture qui descend par centaines partout en France.

(https://www.nouvelobs.com/confinement/20201215.OBS37564/alors-que-la-france-se-deconfine-le-monde-de-la-culture-descend-dans-la-rue.html)

32. Le 1er août 2020, 500 000 personnes manifestent dans les rues de Berlin en Allemagne.

(https://www.lci.fr/international/coronavirus-20-000-ou-un-million-combien-de-manifestants-a-berlin-contre-les-mesures-anti-Covid-19-2160854.html)

33. Le 29 août, re-manif de 38 000 personnes chez eux.

(https://www.leparisien.fr/societe/coronavirus-plus-de-837-000-morts-dans-le-monde-et-pres-de-25-millions-de-cas-suivez-notre-direct-29-08-2020-8374989.php)

34. Le même jour, à Londres, un millier de manifestants appelant à la fin de la tyrannie médicale se retrouvent à Trafalgar Square.

(https://www.france24.com/fr/20200830-berlin-paris-londres-manifestations-contre-le-port-du-masque-la-tyrannie-m%C3%A9dicale-1)

À Zurich, ils sont plus d'un millier à réclamer un retour à la liberté.

(https://www.20min.ch/fr/story/les-rebelles-du-corona-dans-les-rues-face-a-la-police-614994507505)

35. 250 à Melbourne le 13 septembre et ajoutez des dizaines de rassemblements dans tout le reste de l'Australie en ce jour qu'ils nomment « Jour de la liberté ».

(https://www.leparisien.fr/international/coronavirus-a-melbourne-arrestation-de-dizaines-d-opposants-aux-restrictions-13-09-2020-8383773.php)

36. Au Portugal, ce sont des milliers de techniciens du secteur de la culture qui manifestent à Lisbonne.

(https://fr.euronews.com/2020/11/22/Covid-19-inquietudes-et-manifestations-en-europe)

37. Le 16 janvier, 10 000 opposants aux mesures sanitaires défilent à Vienne.

(https://www.parismatch.com/Actu/International/Coronavirus-10-000-manifestants-antimasques-a-Vienne-1720795)

38. À Rome, en Italie, ce sont environ un millier de personnes qui protestent contre l'obligation de vacciner les enfants et celle du port de masque.

(https://www.ouest-france.fr/europe/italie/Covid-19-un-millier-de-personnes-anti-vaccins-et-anti-masques-defilent-a-rome-6962189)

39. Plusieurs milliers de Croates se rassemblent aussi à Zagreb pour dénoncer les mesures imposées par les autorités contre le coronavirus. Ils appellent cette journée « Festival de la liberté ».

(https://www.20minutes.fr/monde/2854939-20200906-coronavirus-milliers-manifestants-croatie-contre-restrictions)

40. Sergueï Satsouk, le rédacteur en chef d'un quo-

tidien biélorusse est arrêté le 25 mars 2020, et inculpé pour corruption.

(https://www.franceculture.fr/societe/Covid-19-ces-lanceurs-dalerte-menaces-pour-avoir-dit-la-verite-sur-la-pandemie)

41. Tholi Totali Glody, reporter sur une chaîne de télé congolaise, fait un sujet sur le confinement dans son pays, le 24 mars. À la fin de son tournage, il a une jambe cassée et de vilaines blessures au visage et au bras.

(https://www.franceculture.fr/societe/Covid-19-ces-lanceurs-dalerte-menaces-pour-avoir-dit-la-verite-sur-la-pandemie)

42. Au Mali et au Congo, un journaliste de *L'Indépendant* et une équipe de la DRTV sont brièvement arrêtés à la suite de reportages sur l'épidémie.

(https://www.franceculture.fr/societe/Covid-19-ces-lanceurs-dalerte-menaces-pour-avoir-dit-la-verite-sur-la-pandemie)

43. Deux journalistes ivoiriens sont condamnés à une amende de 7 622 € chacun pour « diffusion de fausses nouvelles » pour avoir révélé deux cas de coronavirus à la prison d'Abidjan.

(https://www.franceculture.fr/societe/Covid-19-ces-lanceurs-dalerte-menaces-pour-avoir-dit-la-verite-sur-la-pandemie)

44. Ruth Michaelson, journaliste au quotidien britannique *The Guardian*, est expulsée d'Égypte. Le lendemain de sa publication, elle est convoquée pendant plus de trois heures par le service d'information de l'État (SIS). Est également convoqué le chef du bureau du Caire du *New York Times* Declan Walsh et pour sa part rappelé à l'ordre pour

avoir retweeté un message du médecin auteur de l'étude citée dans l'article du *Guardian.*

(https://www.franceculture.fr/societe/Covid-19-ces-lanceurs-dalerte-menaces-pour-avoir-dit-la-verite-sur-la-pandemie)

45. Le soir du 1er janvier 2020, Ai Fen, directrice chinoise des urgences de l'hôpital central de Wuhan, est convoquée par un responsable de la discipline de l'établissement et accusée de « répandre des rumeurs », de « créer des problèmes » et de manquer à la « discipline d'équipe ».

(https://www.franceculture.fr/societe/Covid-19-ces-lanceurs-dalerte-menaces-pour-avoir-dit-la-verite-sur-la-pandemie)

46. Li Wenliang, ophtalmologue de 34 ans à l'hôpital central de Wuhan en Chine, collègue de Ai Fen, (...) est interpellé avec sept autres docteurs pour avoir « répandu des rumeurs » et « perturbé gravement l'ordre social ». (...) Le 7 février 2020, il est retrouvé mort.

(https://www.franceculture.fr/societe/Covid-19-ces-lanceurs-dalerte-menaces-pour-avoir-dit-la-verite-sur-la-pandemie)

47. Le docteur Hu Weifeng, médecin de 42 ans qui travaille lui aussi dans l'hôpital central chinois, meurt dans des circonstances peu claires le 2 juin 2020.

(https://www.rfi.fr/fr/asie-pacifique/20200603-coronavirus-chine-mort-hu-weifeng-coll%C3%A8gue-lanceur-alerte-Wuhan)

48. Le week-end du 3 mai, Bing Liu, 37 ans, scientifique d'origine chinoise, qui effectue des travaux sur le coronavirus, est tué par balles en Pennsylvanie.

(https://www.lci.fr/international/etats-unis-un-chercheurchinois-qui-travaillait-sur-le-Covid-19-tue-par-balles-la-piste-personnelle-privilegiee-2153143.html)

49. Le 20 décembre 2020, Alexander Kagansky, scientifique russe de 45 ans qui travaille sur un vaccin contre la Covid, est brusquement poignardé et jeté par la fenêtre du 14e étage de son immeuble à Saint-Pétersbourg.

(https://www.cnews.fr/france/2020-12-21/un-scientifique-travaillant-sur-un-vaccin-contre-le-coronavirus-chute-dun-immeuble)

50. Emmanuel Macron lui-même dit le 1er septembre 2020 : « En France, on peut critiquer des gouvernants, un président ».

(https://www.lefigaro.fr/flash-eco/charlie-hebdo-macron-defend-la-liberte-de-blasphemer-en-france-20200901)

51. Ce que Jean Castex affirme aussi le 7 novembre 2020 : « Sur cette liberté, la République ne transige pas. »

(https://www.vie-publique.fr/discours/277374-jean-castex-07112020-attentat-eglise-nice-islamisme-radical)

52. Tout comme Gérald Darmanin le 2 novembre sur BFM : « Il y a plein de gens dont je considère que ce qu'ils disent est idiot, cependant je me battrai jusqu'à la mort pour qu'ils puissent le dire. »

(https://www.bfmtv.com/politique/gerald-darmanin-a-propos-de-la-liberte-d-expression-il-y-a-plein-de-gens-dont-je-considere-que-ce-qu-ils-disent-est-idiot-cependant-je-me-battrai-jusqu-a-la-mort-pour-qu-ils-puissent-le-dire_VN-202011020095.html)

53. L'OMS diffuse sur son site.

(https://www.who.int/fr/campaigns/connecting-the-world-to-combat-coronavirus/how-to-report-misinformation-online)

2. Au fait, où est passée l'exemplarité ?

1. Olivier Véran, neurologue, est ministre de la Santé. (https://www.lemonde.fr/politique/article/2020/02/17/olivier-veran-l-ascension-programmee-du-nouveau-ministre-de-la-sante_6029799_823448.html)

2. O. Véran, le 15 juin sur LCI : « Je ne fais pas partie de celles et ceux qui se sont succédé sur les plateaux pour vous affirmer des choses dont ils n'étaient pas sûrs. »
(https://www.vie-publique.fr/discours/274891-olivier-veran-15062020-fin-du-confinement)

3. O. Véran, le 15 juin à LCI : « Le gros de l'épidémie est derrière nous. »
(https://www.lci.fr/sante/le-gros-de-l-epidemie-est-derriere-nous-affirme-olivier-veran-sur-lci-2156579.html)

4. Ce jour-là, il y a 29 436 morts. Le 15 novembre, il y en a 44 548.
(https://www.leparisien.fr/societe/coronavirus-en-france-29-nouveaux-deces-29436-morts-depuis-le-debut-de-l-epidemie-15-06-2020-8336088.php
(https://www.lesechos.fr/monde/enjeux-internationaux/en-direct-Covid-leurope-durcit-ses-mesures-face-a-la-pandemie-1264978)

5. O. Véran, le 15 avril à la sortie du Conseil des ministres : « Tester tout le monde sans symptômes, c'est partir à la pêche à des informations extrêmement évolutives et très peu informatives. »
(https://www.lefigaro.fr/politique/coronavirus-pour-olivier-veran-proceder-a-des-tests-massifs-reviendrait-a-partir-a-la-peche-20200415)

6. O. Véran, le 21 avril 2020, sur France 2 : « Tester

quelqu'un au hasard dans la journée (...) on va perdre des moyens qui sont importants pour dépister les personnes vraiment malades. »

(https://www.vie-publique.fr/discours/274816-olivier-veran-21042020-etat-des-lieux-des-mesures-prises-corona-virus)

7. Le 8 novembre 2020 : « On va pouvoir tester aussi sur grande échelle pour trouver les personnes qui auraient pu passer entre les gouttes. » « Nous amplifions notre politique de tests. »

(https://www.franceinter.fr/emissions/questions-politiques/questions-politiques-08-novembre-2020)

8. Le 9 mars 2020 sur BFM TV : « Ce qui fait que la grippe s'arrête au printemps, ce n'est pas la chaleur (...) Et donc c'est le confinement qui provoque la circulation du virus. »

(https://www.bfmtv.com/politique/olivier-veran-c-est-le-confinement-qui-provoque-la-circulation-du-virus_VN-202003090229.html)

9. Le 1er avril 2020 : « Toutes les dix minutes de confinement nous sauvons une vie dans notre pays. »

(https://www.publicsenat.fr/article/parlementaire/Covid-19-il-n-y-a-pas-de-vacances-pour-le-virus-donc-il-n-y-a-pas-de-vacances)

10. « Il n'est pas question de déconfiner » dans les colonnes du *Journal du Dimanche*.

(https://www.ladepeche.fr/2020/11/22/emmanuel-macron-il-nest-pas-question-de-deconfiner-ce-sera-un-assouplissement-en-trois-etapes-9214585.php)

11. Le 21 janvier dans le journal télévisé de TF1 : « Chaque fois que nous avons confiné, c'est pour sauver des vies. »

(https://www.sudouest.fr/2021/01/21/Covid-19-en-france-nous-pourrions-aller-jusqu-a-un-reconfinement-lache-olivier-veran-8314497-10407.php)

12. Le 6 mars : « J'insiste ! L'usage du masque en population générale n'est pas recommandé et n'est pas utile. »

(https://www.francetvinfo.fr/replay-radio/le-vrai-du-faux/lusage-du-masque-en-population-generale-nest-pas-utile-en-un-an-le-gouvernement-a-change-radicalement-de-position_4218477.html)

13. Le 23 mars, un Américain meurt après avoir ingéré du phosphate de chloroquine, un détergent pour nettoyer les aquariums.

(https://www.cnews.fr/monde/2020-03-24/coronavirus-un-americain-meurt-apres-avoir-avale-du-phosphate-de-chloroquine-un)

14. À l'Assemblée nationale, Olivier Véran déclare : « Les cardiologues m'alertent aussi sur le fait que l'hydroxychloroquine peut entraîner des troubles cardiaques. »

(https://www.lemonde.fr/sante/article/2020/03/27/la-surdose-mortelle-a-la-chloroquine-expliquee-en-sept-questions_6034694_1651302.html)

15. Le 4 novembre, Olivier Véran dit à l'Assemblée nationale : « En Ehpad, s'il y avait un cas Covid, et donc une épidémie identifiée, et qu'un décès était suspecté Covid, on l'identifiait et on le reconnaissait comme Covid. »

(https://www.lci.fr/sante/des-deces-sont-ils-faussement-attribues-au-Covid-dans-les-ehpad-2169274.html)

16. Les sénateurs accusent notre ministre d'avoir « sciemment dissimulé » le « fiasco des masques ».

(https://www.publicsenat.fr/article/parlementaire/Covid-19-le-rapport-du-senat-qui-accuse-186095)

17. « Le choix a délibérément été fait en 2018 par le

DGS de ne plus suivre la cible d'un stock d'un milliard de masques chirurgicaux. » C'est écrit noir sur blanc dans le féroce rapport du Sénat, rendu public le 11 décembre 2020.

(http://www.senat.fr/rap/r20-199-1/r20-199-17.html) (https://www.senat.fr/fileadmin/Fichiers/Images/redaction_multimedia/2020/2020-Documents_pdf/20201210-Conf_presse_Covid_19/20201210_rapport_CE_Covid__tome_1__conf-presse.pdf)

18. « L'analyse de courriels échangés entre la Direction générale de la santé et Santé publique France atteste d'une pression directe de M. Salomon sur l'agence afin qu'elle modifie la formulation des recommandations de ce rapport avant sa publication au grand public. »

(https://www.publicsenat.fr/article/parlementaire/Covid-19-les-senateurs-accusent-jerome-salomon-d-avoir-fait-pression-pour)

19. Jérôme Salomon affirme le 4 mars sur BFM que le port du masque n'a pas d'intérêt pour le grand public.

(https://www.bfmtv.com/sante/coronavirus-les-masques-n-ont-aucun-interet-pour-le-grand-public-insiste-jerome-salomon_VN-202003040200.html)

20. Professeure de biostatistique en santé publique, Geneviève Chêne prend la tête de Santé publique France le 30 octobre 2019.

(https://www.santepubliquefrance.fr/presse/2019/genevieve-chene-est-nommee-directrice-generale-de-sante-publique-france)

21. Geneviève Chêne est auditionnée par l'Assemblée nationale et déclare avoir « trouvé une maison en ordre de marche ».

(https://www.liberation.fr/france/2020/06/18/Covid-19-

salomon-et-chene-jouent-la-carte-du-deni-face-a-la-commission-d-enquete_1791607/)

22. Seulement cinq mois après la prise de ses fonctions, 30 258 soignants sont contaminés et ce résultat est peut-être à multiplier par deux car 1 130 établissements de santé sont recensés sur les 3 000. (https://www.doctissimo.fr/sante/news/coronavirus-personnel-soignant-contamination)

23. Quand les députés demandent à Geneviève Chêne de détailler les contrats passés concernant les masques, elle répond : « secret des affaires ».

(https://www.liberation.fr/france/2020/06/18/Covid-19-salomon-et-chene-jouent-la-carte-du-deni-face-a-la-commission-d-enquete_1791607/)

24. Quand les députés invitent Geneviève Chêne à expliquer pourquoi les stocks de masques n'ont pas été reconstitués après l'automne 2018, période à laquelle on sait qu'on n'en a pas eu assez, elle rétorque d'un ton sec : « On agit sur instruction du ministère. »

(https://www.assemblee-nationale.fr/dyn/15/comptes-rendus/Covid19/l15Covid191920022_compte-rendu)

25. Le 3 janvier dernier, Santé publique France annonce 564 personnes hospitalisées pour Covid dans les Alpes-Maritimes. Sauf qu'il n'y en a en fait que 233, dixit des médecins hospitaliers, graphiques à l'appui, dans les colonnes de *Nice-Matin* le 16 janvier.

(https://www.nicematin.com/sante/pourquoi-le-nombre-de-malades-entre-les-donnees-de-sante-publique-france-et-celles-des-hopitaux-est-si-different-notre-decryptage-630970)

(https://www.20minutes.fr/societe/2957555-20210120-coronavirus-nombre-officiel-hospitalisations-different-chiffres-chu)

26. L'agence annonçait également le 18 novembre 2020 sur son site que la Vienne avait enregistré 113 morts Covid pour 97 constatés réellement.

(https://www.francebleu.fr/infos/sante-sciences/pourquoi-les-autorites-sanitaires-ont-revu-a-la-baisse-le-nombre-de-morts-dus-au-Covid-dans-la-1606162696)

27. Geneviève Chêne (...) avec l'intégralité des médecins du Conseil scientifique, sur une photo datant du 12 mars 2020.

(https://www.gala.fr/l_actu/news_de_stars/cette-photo-du-conseil-scientifique-a-lelysee-qui-fait-polemique_445683)

28. Elle est citée à comparaître le 11 mars 2021 pour « harcèlement moral » et « dénonciation calomnieuse » devant le tribunal correctionnel de Bordeaux.

(https://www.lemonde.fr/societe/article/2020/12/02/la-directrice-generale-de-sante-publique-france-citee-a-comparaitre-pour-harcelement-moral_6061902_3224.html)

29. Christian Chidiac, président de la Commission des maladies transmissibles du Haut Conseil de la santé publique a, par exemple, été rémunéré entre autres par le laboratoire Gilead.

(https://santecool.net/coronavirus-combien-les-medecins-ont-ils-gagne-de-lindustrie-pharmaceutique/

file:///C:/Users/barto/Downloads/C%20CHIDIAC%20Eurofordocs%20(1).pdf)

30. Jacques Reyes :

http:/file:///C:/Users/barto/Downloads/j%20REYNES%20Eurofordocs.pdf

(https://blogs.mediapart.fr/jean-marc-b/blog/270620/top-13-des-revenus-recents-verses-par-big-pharma-aux-medecins-anti-raoult)

31. Vincent Le Moing :
http:/file:///C:/Users/barto/Downloads/LE%20MOING%20EUROFORDOCS.pdf

32. Yazdan Yazdanpanah, le 31 janvier 2021 lors d'une conférence de presse, dit que le Remdesivir est une option pour lutter contre la Covid.
(https://www.youtube.com/watch?v=YlJ_sW6jzHI)

33. Sauf qu'une semaine avant il avait annoncé : « Il n'y aura pas d'épidémie en France. »
(https://www.rtl.fr/actu/bien-etre/virus-en-chine-il-n-y-aura-pas-d-epidemie-en-france-selon-un-professeur-7799948872)

34. Dès mars 2020, il insiste : le Remdesivir est un traitement « ayant prouvé quelque chose ». Et il a raison : son médicament miracle prouve, dans une étude de la revue médicale *Lancet*, que « 12 % des sujets traités souffrent d'effets indésirables graves et doivent arrêter le traitement, contre 5 % des sujets non traités ».
(https://www.thelancet.com/journals/lancet/article/PIIS0140-6736(20)31022-9/fulltext)

35. François-Xavier Lescure, infectiologue, est l'adjoint de Yazdan Yazdanpanah. Il a touché des sommes limitées de Gilead.
(file:///C:/Users/barto/Downloads/FX%20LESCURE%20Eurofordocs.pdf)

36. Mais il a surtout signé une étude sur le Remdesivir, le médicament vendu par ce labo, dans le *New England Journal of Medicine* le 10 avril 2020. Il y dit que ce traitement est efficace contre la Covid.
(https://www.nejm.org/doi/pdf/10.1056/NEJMoa2007016)

37. J'ajoute que quelques mois plus tard on apprend que le médicament ne fonctionne pas, dixit tout le monde :

OMS, Haute Autorité de la santé, et même le PDG de Gilead, Daniel O'Day lui-même.

(https://www.lemonde.fr/planete/article/2020/10/16/traitements-du-Covid-19-resultats-negatifs-pour-l-essai-solidarity-coordonne-par-l-oms_6056349_3244.html)

38. Cour des comptes de décembre 2019.

(https://www.ccomptes.fr/system/files/2019-12/20191209-rapport-Ordre-des-medecins.pdf)

39. Ancien vice-président et directeur scientifique de Pfizer pendant 16 ans, le Dr Mike Yeadon affirme en septembre 2020 sur une radio anglaise que « plus de la moitié des tests PCR positifs sont susceptibles d'être faux, potentiellement tous ».

(https://www.maroc-hebdo.press.ma/tests-Covid-questions)

40. En temps normal, pour trouver la présence d'un virus chez un patient, on fait entre 35 et 40 cycles, et ça, c'est ce que la Haute Autorité de santé préconise.

(https://www.has-sante.fr/upload/docs/application/pdf/2020-09/ac_2020_0047_remboursement_rt-pcr_salivaire_Covid-19_cd_2020_09_18_vd.pdf)

(https://www.lci.fr/sante/coronavirus-vCovid-19-accuses-d-etre-trop-sensibles-ou-peu-fiables-les-tests-pcr-font-ils-a-gonfler-artificiellement-le-nombre-de-cas-detectes-2169836.html)

(https://www.liberation.fr/checknews/2020/09/21/tests-rt-pcr-est-il-vrai-que-90-des-patients-positifs-ne-sont-pas-contagieux_1799741/)

41. Qu'est-ce qui explique qu'on fasse plus de cycles sur ce virus précisément ? (https://www.nytimes.com/2020/08/29/health/coronavirus-testing.html?auth=loginemail&login=emailat(https://www.leparisien.fr/sports/

football/Covid-19-comment-mandanda-peut-il-etre-de-nouveau-positif-04-09-2020-8378508.php)

42. « complotistes tarés et menteurs patentés » comme l'a aimablement écrit le journal *Libération*.

(https://www.liberation.fr/france/2020/08/02/complotistes-tares-et-menteurs-patentes_1795839/)

43. Des chiffres officiels de l'Insee, comme ça personne ne pourra les contredire.

(https://factuel.afp.com/non-il-ny-pas-eu-davantage-de-morts-en-france-en-2019-quen-2020-selon-linsee)

3. Recherche vaccins désespérément

1. Le Criigen, le Comité de recherche et d'information indépendantes sur le génie génétique, dit dans un rapport récent de septembre 2020 : « Le recours à des vaccins délivrant du matériel génétique viral (ADN ou ARN) est nouveau ou récent. »

(https://criigen.org/wp-content/uploads/2020/10/2020-09_Note-dExpertise-Vaccins-GM_C.Ve%CC%81lot-02_Traite-02.pdf)

2. Le 20 novembre, Pfizer et BioNTech demandent une autorisation d'utilisation d'urgence à la FDA pour leur vaccin.

(https://www.lesechos.fr/industrie-services/pharmacie-sante/Covid-pfizer-et-biontech-deposent-la-demande-dautorisation-de-leur-vaccin-1266919#:~:text=Pfizer%20et%20BioNTech%20ont%20d%C3%A9pos%C3%A9,les%20premiers%20%C3%A0%20le%20faire.&text=Le%20d%C3%A9but%20de%20vaccination%20aux,d%C3%A9buter%20avant%20la%20mi%2Dd%C3%A9cembre)

3. Et voici maintenant comment l'autorité américaine justifie sa décision. (https://www.fda.gov/emergency-preparedness-and-response/mcm-legal-regulatory-and-policy-framework/pfizer-biontech-Covid-19-vaccine-frequently-asked-questions)

4. L'agence européenne du médicament (EMA) emboîte le pas et autorise le remède Pfizer sur notre continent, sans informations plus concluantes. (https://www.service-public.fr/particuliers/actualites/A14071

file:///C:/Users/barto/Downloads/-Document%20045-%20FAQ%20EMA%20Comirnaty%20%20European%20Medicines%20Agency%20chmp-summary-positive-opinion-comirnaty_en%20(1).pdf)

5. La Haute Autorité de santé dit, elle aussi le 24 décembre 2020, à propos du vaccin Pfizer, l'un de ceux qu'on utilise largement en France contre la Covid. (https://www.midilibre.fr/2020/12/21/coronavirus-lagence-europeenne-du-medicament-autorise-le-vaccin-de-pfizer-et-biontech-9271092.php)

(https://www.has-sante.fr/jcms/p_3227179/fr/vaccination-contre-la-Covid-19-la-has-definit-la-strategie-d-utilisation-du-vaccin-comirnaty)

6. Olivier Véran déclare, le 21 janvier au JT de TF1, que l'objectif du gouvernement est de vacciner 70 millions de personnes, « c'est-à-dire la totalité de la population française ».

(https://www.europe1.fr/sante/en-direct-coronavirus-suivez-levolution-de-la-situation-jeudi-21-janvier-4019838)

7. Le 23 novembre 2020, Tal Zaks, médecin chef de Moderna (l'autre vaccin qui inonde la France), déclare sur HBO : « Je pense qu'il est important de ne pas changer de comportement uniquement sur la base de la vaccination. »

(https://fr.news.yahoo.com/m%C3%A9decin-chef-moderna-avertit-vaccin-083748391.html)

8. 86 % des fonds de l'EMA en 2020 proviennent de Big Pharma.

file:///C:/Users/barto/Downloads/-Document%20 043-%20lE%20Figaro%20Evaluation%20vaccins%20 en%20toute%20inde-pendance%20.pdf

9. La Chambre des communes dit dans un rapport de 2005 :

« L'industrie pharmaceutique trahit systématiquement ses responsabilités à l'égard de la population et des institutions. »

Une Commission en charge du sujet dit quant à elle dans un rapport de 2014 que « dans le secteur de la santé (...) la vulnérabilité à la corruption est généralisée, en ce qui concerne notamment les marchés publics et l'industrie pharmaceutique ».

(https://ec.europa.eu/home-affairs/sites/homeaffairs/files/e-library/documents/policies/organized-crime-and-human-trafficking/corruption/docs/acr_2014_fr.pdf)

10. En 2017, un rapporteur de l'ONU déclare à la tribune : « Dans de nombreux pays, la santé est l'un des secteurs les plus corrompus. »

(https://www.ohchr.org/en/NewsEvents/Pages/DisplayNews.aspx?NewsID=22344&LangID=E)

11. Du côté de l'OMS (...) voici ce que dit le dernier rapport du Conseil de l'Europe. (https://www.lemonde.fr/m-le-mag/article/2020/03/20/l-organisation-mondiale-de-la-sante-sur-le-pied-de-guerre_6033842_4500055.html)

12. Novartis, Roche et Genentech (...) sont sommés de régler 444 millions d'euros d'amende par la France, cette fois pour pratiques abusives.

(https://www.ouest-france.fr/societe/justice/amende-de-444-millions-d-euros-pour-trois-laboratoires-en-france-pour-pratiques-abusives-6966855)

13. Johnson-Johnson (...) versera 1,62 milliard d'euros au gouvernement américain.

(https://www.lequotidiendumedecin.fr/actus-medicales/medicament/amende-record-de-162-milliard-deuros-pour-le-laboratoire-americain-johnson-johnson)

14. AstraZeneca (...) a pour sa part été condamné par la Commission européenne en 2005 à payer 60 millions d'euros d'amende...

(https://www.20minutes.fr/economie/55212-20050616-economie-astrazeneca-condamne-a-60-millions-d-euros-d-amende)

15. Michael Pearson, alors PDG de Valeant Pharmaceuticals International, une firme canado-américaine : « Ma responsabilité principale est envers les actionnaires » (le 28 mai 2014 sur CNBC, une chaîne de télévision américaine).

(https://www.cnbc.com/2014/05/28/cnbc-exclusive-cnbc-transcript-valeant-ceo-j-michael-pearson-speaks-one-on-one-with-meg-tirrell-today-on-cnbc.html)

16. Le Dr Michael Yeadon, ancien chef du département de recherche sur les maladies respiratoires chez Pfizer, et le Dr Wolfgang Wodarg, pneumologue et ancien chef du département de santé publique, protestent le 1er décembre 2020 auprès de l'EMA et demandent la suspension immédiate de toutes les études sur le vaccin.

(https://www.francesoir.fr/societe-sante/vaccination-sars-cov-2-le-dr-wodarg-et-le-dr-yeadon-disent-stop)

17. Le 13 décembre, les deux experts demandent aussi à la FDA de suspendre l'autorisation d'utilisation d'urgence du vaccin Pfizer jusqu'à ce que son efficacité soit confirmée.

(https://2020news.de/en/dr-wodarg-and-dr-yeadon-request-a-stop-of-all-corona-vaccination-studies-and-call-for-co-signing-the-petition/)

18. Le 17 janvier, l'Agence norvégienne du médicament déclare 33 morts suite à l'injection du vaccin Pfizer.

(https://www.franceinter.fr/norvege-ce-que-l-on-sait-sur-les-33-personnes-decedees-apres-avoir-ete-vaccinees)

(https://www.francetvinfo.fr/sante/maladie/coronavirus/Covid-19-l-agence-norvegienne-du-medicament-etablit-un-lien-entre-13-deces-et-les-effets-secondaires-du-vaccin_4260397.html)

19. « Le nombre d'incidents jusqu'à présent n'est pas alarmant et conforme aux attentes », dit l'Agence norvégienne du médicament en janvier.

(https://www.francetvinfo.fr/sante/maladie/coronavirus/Covid-19-l-agence-norvegienne-du-medicament-etablit-un-lien-entre-13-deces-et-les-effets-secondaires-du-vaccin_4260397.html)

20. Le labo Moderna admet le 3 janvier dernier que son vaccin est un « *operating system* ».

(http://tapnewswire.com/2021/01/moderna-admits-here-that-what-they-inject-now-is-an-operating-system/?fbclid=IwAR3OUkLJbEgzZSxoeiOyP3Qu0QDZYkN0E9mKqCGlKDM2Q11sSsxXw4vsiQ0)

21. Le 26 novembre dernier, le labo anglo-suédois AstraZeneca avoue avoir oublié de mentionner au public une erreur commise lors des essais cliniques de son vaccin contre la Covid. Rien de grave, aucune conséquence sur l'efficacité de la dose assure-t-il.

(https://www.leparisien.fr/societe/Covid-19-le-laboratoire-astrazeneca-accuse-d-avoir-dissimule-une-erreur-lors-de-ses-tests-26-11-2020-8410698.php)

22. Le 9 septembre dernier, Astra avait par ailleurs annoncé faire une pause dans les essais de son vaccin, après l'apparition d'une « maladie potentiellement inexpliquée ».

(https://www.francetvinfo.fr/sante/maladie/coronavirus/vaccin/coronavirus-astrazeneca-suspend-les-essais-de-son-projet-de-vaccin-apres-l-apparition-d-une-maladie-potentiellement-inexpliquee-chez-un-volontaire_4099697.html)

23. L'Europe a signé 6 contrats avec 6 labos différents. (https://www.challenges.fr/monde/europe/le-point-sur-les-commandes-de-vaccins-par-l-europe_748900)

24. Ils sont tous confidentiels… sauf celui de Curevac, et celui d'AstraZeneca. Ce dernier accepte de le montrer le 29 janvier dernier.

(https://ec.europa.eu/commission/presscorner/detail/fr/ip_21_302)

25. Celui de Curevac. (file:///C:/Users/barto/Downloads/curevac_-_redacted_advance_purchase_agreement_0%20(1).pdf)

26. Madagascar refuse les vaccins. (https://www.rfi.fr/fr/afrique/20201127-Covid-19-%C3%A0-madagascar-le-gouvernement-refuse-les-vaccins-et-pr%C3%A9f%C3%A8re-les-rem%C3%A8des-locaux)

4. Les traitements qui marchent

1. Le 24 juillet 2020, Harvey Risch (…) écrit. (https://www.newsweek.com/key-defeating-Covid-19-already-exists-we-need-start-using-it-opinion-1519535)

2. L'étude Corist révèle une réduction de 66 % de la mortalité chez les patients hospitalisés traités à l'hydroxychloroquine.

(https://www.francesoir.fr/societe-sante/hydroxychloroquine-en-phase-precoce-approuvee-en-italie-rapport-scientifique-complet)

3. Le Conseil d'État italien a de nouveau autorisé l'HCQ pour soigner la Covid. C'était le 11 décembre 2020.

(https://www.francesoir.fr/en-italie-le-conseil-detat-dit-oui-lhydroxychloroquine-comme-traitement-contre-la-Covid-19)

4. Celle venant de Belgique, parue dans l'*International Journal of Antimicrobial Agents*, révèle pour sa part une réduction d'un tiers de la mortalité. (https://www.lejournaldumedecin.com/actualite/la-belgique-rehabilite-l-hydroxychloroquine/article-normal-50183.html)

5. L'étude du Henry Ford Hospital System, parue en juillet 2020, dévoile un taux de mortalité de 13,5 % chez les patients à qui on a donné de l'hydroxychloroquine.

(https://www.fr24news.com/fr/a/2020/07/lhydroxychloroquine-est-efficace-dans-le-traitement-du-Covid-19-selon-une-etude-du-systeme-de-sante-henry-ford.html)

6. Au Brésil, le Dr Watanabe analyse une étude du Minnesota et constate en prise précoce « la réduction des résultats symptomatiques de 72 % au premier jour d'infection.

(https://www.francesoir.fr/opinions-tribunes/efficacite-de-lhydroxychloroquine-confirmee-dans-letude-des-donnees-de-lessai)

(https://arxiv.org/abs/2007.09477)

(https://www.nejm.org/doi/full/10.1056/NEJMoa2016638?query=recirc_curatedRelated_article)

7. En Chine, des médecins du Renmin Hospital de Wuhan mènent une autre étude encore, randomisée sur 62 personnes.

(https://www.parismatch.com/Actu/Sante/Covid-19-c-est-avoir-tort-que-d-avoir-raison-trop-tot-Malheureusement-1680591)

8. Le Dr Zelenko à New York divulgue avoir divisé les hospitalisations et décès par 5 des patients âgés ou vulnérables.

(https://www.liberation.fr/checknews/2020/04/03/plus-de-600-patients-new-yorkais-ont-ils-ete-gueris-du-Covid-19-en-mars-grace-a-l-hydroxychloroquine_1784084/)

9. Quinze jours après, 3 des 4 auteurs de l'étude du *Lancet* se rétractent.

(https://www.lemonde.fr/sciences/article/2020/06/04/hydroxychloroquine-trois-auteurs-de-l-etude-du-lancet-se-retractent_6041803_1650684.html)

10. Le journal a pris ses informations auprès d'une boîte qui s'appelle Surgisphère. (file:///C:/Users/barto/Downloads/Surgisphere%20governments%20and%20WHO%20changed%20Covid-19%20policy%20based%20on%20suspect%20data%20from%20tiny%20US%20company%20.pdf)

(https://www.apmnews.com/depeche/10/352163/retrait-de-l-article-du-lancet-montrant-une-surmortalite-associee-a-la-prise-d-hydroxychloroquine)

11. Mieux : le fondateur de la boîte est le chirurgien Sapan Desai, et il fait l'objet de trois procédures aux États-Unis pour faute médicale !

(https://www.apmnews.com/depeche/10/352163/retrait-de-l-article-du-lancet-montrant-une-surmortalite-associee-a-la-prise-d-hydroxychloroquine)

12. Le 23 mai (…) le ministre de la Santé tweete : « Suite à la publication dans *The Lancet* d'une étude alertant sur l'inefficacité et les risques de certains traitements de la

Covid-19 dont l'hydroxychloroquine, j'ai saisi le HCSP pour qu'il analyse et me propose sous 48 h une révision des règles dérogatoires de prescription ».

(https://twitter.com/olivierveran/status/1264145851955458048?lang=fr)

13. Le 5 juin 2020, Sibeth N'Diaye à Sud Radio.

(https://www.vie-publique.fr/discours/274888-sibeth-ndiaye-05062020-coronavirus-hydroxychloroquine-violence-policiere)

14. Le 29 juin, une étude portugaise montre que les patients voient leur risque de contracter la Covid divisé par deux quand ils sont sous hydroxychloroquine.

(https://www.medrxiv.org/content/10.1101/2020.06.26.20056507v1)

15. Le 29 juin, la Fondation Henry Ford déclare que le taux de décès est diminué de 71 % en administrant la molécule, et qu'il n'y a aucun effet secondaire.

(https://www.actulabo.com/Covid-19-lhydroxychloroquine-rehabilitee-par-le-henry-ford-health-system/)

16. Le 30 juin, une autre étude, dans 8 hôpitaux de New York, déclare elle aussi diviser par 2 le nombre de décès, toujours sans effets secondaires.

(https://link.springer.com/article/10.1007/s11606-020-05983-z/figures/1?fbclid=IwAR3UndPd2z43j-z5i-pAl1WXxwtypwRDjbkUqp7EnDztBCYCY5TeVLpk1JdI)

17. Celle publiée par les Belges dans l'*International Journal of Antimicrobial Agents* en mai 2020 explique clairement : « Notre étude apporte un soutien supplémentaire à l'affirmation selon laquelle l'hydroxychloroquine n'est pas associée à un risque accru à court terme de cardio-toxicité ».

(https://www.lejournaldumedecin.com/actualite/

la-belgique-rehabilite-l-hydroxychloroquine/article-normal-50183.html)

18. L'hebdomadaire *Der Spiegel* révèle que l'Allemagne a divisé son nombre de morts par 4, car là-bas les médecins traitent avec l'HCQ.

(https://www.spiegel.de/wirtschaft/Covid-19-deutsche-aerzte-verschrieben-von-donald-trump-empfohlenes-medikament-a-d62e453e-a38a-4690-9e0b-9465f35a85d7)

19. Fin décembre, une usine de chloroquine à Taïwan explose.

(https://factuel.afp.com/taiwan-lincendie-dune-usine-produisant-de-lhydroxychloroquine-dorigine-accidentelle-selon)

20. Étude, publiée sur EM Consulte en juin 2020. (https://www.em-consulte.com/article/1373275/effet-benefique-de-l-association-hydroxychloroquin)

21. Le Dr Gérard Maudrux, chirurgien et président de la CARMF, explique que, depuis que les généralistes ont interdiction de prescrire l'hydroxychloroquine, ils donnent de l'azithromicine.

(https://blogs.mediapart.fr/laurent-mucchielli/blog/091220/comment-comprendre-le-deni-des-traitements-precoces-de-la-Covid)

22. Le 11 avril, trois médecins racontent au journal *L'Est républicain* avoir traité 200 patients à eux tous, avec l'antibiotique en ambulatoire.

(https://www.leparisien.fr/societe/sante/coronavirus-trois-medecins-generalistes-pensent-avoir-trouve-un-possible-remede-13-04-2020-8298963.php)

23. Le 18 mai 2020, le Haut Conseil de santé publique constate que la prescription d'azithromycine a augmenté de 217 % en mars-avril.

(file:///C:/Users/barto/Downloads/hcspa20200518_corsarcovrecsurlusadesantinf%20(1).pdf)

24. Cependant, la DGS dit : « La littérature scientifique n'apporte pas d'argument pour proposer la prescription d'azithromycine ».

(https://dgs-urgent.sante.gouv.fr/dgsurgent/inter/detailsMessageBuilder.do?id=30853&cmd=visualiserMessage)

25. Le 9 juin 2020, elle ajoute qu'elle (…) « recommande, de manière générale, qu'aucune antibiothérapie ne soit prescrite chez un patient présentant des symptômes rattachés à une Covid-19 confirmée ».

(https://dgs-urgent.sante.gouv.fr/dgsurgent/inter/detailsMessageBuilder.do?id=30853&cmd=visualiserMessage)

26. L'OMS : « l'Ivermectine est sans danger et peut être utilisée à grande échelle ».

(https://www.who.int/apoc/cdti/ivermectin/fr/)

27. Le 8 décembre 2020, le docteur Pierre Kory, réanimateur américain, est entendu par le Sénat. Il vante l'Ivermectine comme « traitement miracle » de la Covid.

(https://www.francesoir.fr/opinions-entretiens/video-debriefing-dr-kory)

28. La FDA délivre une autorisation d'urgence de mise sur le marché, on est le 1er mai.

(https://www.tradingsat.com/actualites/informations-societes/Covid-19-le-medicament-remdesivir-de-gilead-autorise-en-urgence-aux-etats-unis-912143.html)

29. Le 25 juin, l'EMA (Agence européenne des médicaments) accepte que le Remdesivir inonde le continent. L'autorisation de mise sur le marché comporte des astérisques : on ne pourra le donner qu'à certains patients, pas en réanimation, et on réévaluera tout ça dans un an.

(https://ec.europa.eu/commission/presscorner/detail/fr/ip_20_1416)

30. Gilead annonce son prix : 321 euros la dose.

(https://www.lemonde.fr/planete/article/2020/11/27/Covid-19-comment-gilead-a-vendu-son-remdesivir-a-l-europe_6061300_3244.html)

31. La dose, à fabriquer, revient à 77 centimes, selon un collectif de chercheurs anglais, américains et australiens.

(https://www.france24.com/fr/%C3%A9missions/info-%C3%A9co/20201204-le-laboratoire-gilead-a-vendu-le-remd%C3%A9sivir-%C3%A0-prix-d-or-%C3%A0-l-union-europ%C3%A9enne)

(https://www.ncbi.nlm.nih.gov/pmc/articles/PMC7331548/)

32. Le 21 octobre 2020, Jérôme Salomon propose aux établissements de santé de leur donner le médicament.

(https://www.legifrance.gouv.fr/download/pdf/circ?id=45079)

33. Entre 2000 et 2012, le taux de mortalité pour le paludisme chute de 45 %.

(https://www.who.int/malaria/publications/world_malaria_report_2012/wmr2012_summary_and_keypoint_fr.pdf)

34. L'OMS dit à son propos : « Des plantes médicinales telles que l'*Artemisia annua* sont considérées comme des traitements possibles de la Covid-19, mais des essais devraient être réalisés pour évaluer leur efficacité et déterminer leurs effets indésirables. »

(https://www.afro.who.int/fr/news/loms-soutient-une-medecine-traditionnelle-reposant-sur-des-elements-scientifiques-probants)

35. Le 26 janvier 2021, la France a 74 250 morts.

Madagascar en a 279, selon Statista, un institut allemand de statistiques.

(https://fr.statista.com/statistiques/1101324/morts-coronavirus-monde/)

(https://ourworldindata.org/coronavirus-data-explorer?zoomToSelection=true&country=-MDG&region=World&deathsMetric=true&interval=total&hideControls=-true&smoothing=0&pickerMetric=location&pickerSort=asc)

(https://ourworldindata.org/coronavirus-data-explorer?zoomToSelection=true&country=MDG-FRA&region=World&deathsMetric=true&interval=total&hideControls=true&smoothing=0&pickerMetric=location&pickerSort=asc)

36. La Chine a utilisé l'*Artemisia* en traitement complémentaire pendant le coronavirus (SRAS) de 2003.

(https://www.liberation.fr/planete/2021/01/14/la-chine-enregistre-son-premier-premier-deces-du-au-coronavirus-depuis-huit-mois_1817258/)

37. L'étude de l'Institut Max-Planck de Potsdam en Allemagne.

(https://www.parismatch.com/Actu/Sante/Artemisia-la-plante-miracle-agit-sur-le-Covid19-1690916)

38. Cette phrase, prononcée le 11 mai dernier par le président de la République malgache : « Vous savez, la situation mondiale démontre aujourd'hui presque 300 000 morts, est-ce que cela nous permet d'ignorer une possibilité de traitement ? ».

(https://www.afrik.com/Covid-organics-artemisia-madagascar-coup-de-gueule-de-rajoelina-qui-dit-merci-a-raoult)

39. L'essai est mené comme il faut, dans 4 établisse-

ments de soins médicaux au Pakistan. Le 30 novembre, les résultats tombent : 82 % de réduction de mortalité Covid.

(https://huileriemeziana.com/graine-de-nigelle-et-Covid-19-9-nouvelles-etudes-medicales-sur-lefficacite-de-la-graine-de-nigelle/

(https://www.ncbi.nlm.nih.gov/pmc/articles/PMC7298883/)

40. L'équipe américaine dit notamment : « La graine de nigelle pourrait être une des meilleures sources de médicaments antiviraux. » Les Indiens disent : « Elle peut être utile dans le traitement de la Covid 19 et peut servir de candidat naturel potentiel. »

(https://huileriemeziana.com/graine-de-nigelle-et-Covid-19-9-nouvelles-etudes-medicales-sur-lefficacite-de-la-graine-de-nigelle/)

(https://www.ncbi.nlm.nih.gov/pmc/articles/PMC7463602/)

(https://www.ncbi.nlm.nih.gov/pmc/articles/PMC7605643/)

41. « La société suisse de la nutrition recommande un supplément de 200 mg de vitamine C pour chacun [...] »

(https://www.news-medical.net/news/20201023/24102/French.aspx)

42. Le 10 novembre paraît une préconisation du très sérieux Institut de la défense de physiologie et des sciences connexes d'Inde.

(https://link.springer.com/article/10.1007/s12011-020-02462-8)

43. Le 12 septembre 2020, une étude chinoise réalisée par cinq médecins de l'université de Nankin fait cette recommandation : « Possibilité de supplémentation en

magnésium pour le traitement de soutien chez les patients atteints de Covid-19 ».

file:///C:/Users/barto/Downloads/Possibility%20of%20magnesium%20supplementation%20for%20supportive%20treatment%20in%20patients%20with%20Covid-19%20-%20PubMed.pdf)

44. Une étude américaine de l'université George-Mason de Virginie écrit le 10 juillet 2020 : « Des recommandations cliniques sont données pour la prévention et le traitement de la Covid-19. Une surveillance constante du statut du magnésium (...) peut être une stratégie efficace pour influencer la contraction et la progression de la maladie. »

file:///C:/Users/barto/Downloads/Combating%20Covid-19%20and%20Building%20Immune%20Resilience%20A%20Potential%20Role%20for%20Magnesium%20Nutrition%20-%20PubMe.pdf)

45. Il y a trois ans, les autorités françaises demandent une étude. Elle s'appelle SU.VI.MAX et elle révèle que 75 % des hommes et 77 % des femmes manquent de magnésium.

(https://www.lanutrition.fr/bien-dans-sa-sante/les-complements-alimentaires/les-principaux-complements-alimentaires/les-complements-correcteurs-de-l-alimentation/le-magnesium/les-francais-manquent-de-magnesium)

5. Le pouvoir... de faire n'importe quoi

1. Gladys Huré (ex-Engie) est mandatée par le gouvernement pour gérer la communication de la crise.

(https://www.lepoint.fr/politique/la-campagne-de-vaccination-confiee-a-une-proche-de-xavier-bertrand-06-01-2021-2408511_20.php)

2. Richard Lizurey, général d'armée, assisté d'une inspectrice de l'administration, rend en juin 2020 un rapport demandé par le Premier ministre. (https://www.gouvernement.fr/sites/default/files/document/document/2020/11/mission_controle_qualite_de_la_gestion_de_crise_sanitaire_-_v14.pdf)

3. L'Assemblée nationale en fait un aussi. (https://www.assemblee-nationale.fr/dyn/opendata/AVISANR5L15B3404-tVIII.html)

4. (https://www2.assemblee-nationale.fr/content/download/320258/3118142/version/2/file/Synth%C3%A8se+finale.pdf)

5. Le comité de pilotage « Recherche Covid AP-HP ». (https://www.aphp.fr/actualite/lap-hp-cree-un-comite-de-pilotage-recherche-Covid-19-ap-hp)

(https://www.lemonde.fr/planete/article/2021/01/01/une-nouvelle-agence-consacree-aux-maladies-infectieuses-emergentes-en-manque-de-moyens-propres_6064964_3244.html#:~:text=Son%20nouveau%20nom%20sera%20%C2%AB%20ANRS,du%20conseil%20scientifique%20Covid%2D19)

6. Les plateformes Doctolib, Maiia et KelDoc sont chargées, au début du moins, de gérer les rendez-vous pour se faire vacciner.

(https://www.usine-digitale.fr/article/Covid-19-les-plateformes-doctolib-maiia-et-keldoc-retenues-pour-la-prise-de-rendez-vous-pour-la-vaccination.N1047779)

7. Olivier Véran, le 12 janvier 2021.

(https://www.bfmtv.com/economie/olivier-veran-validele-choix-du-prive-pour-piloter-les-inscriptions-a-la-vaccination_AV-202101120209.html)

8. McKinsey & Company a conseillé pendant plus de douze ans et jusqu'à il y a quelques mois le laboratoire Purdue Pharma. Et ce labo a vendu aux États-Unis, entre 2008 et 2017, un médicament, l'OxyContin, accusé d'être responsable de nombreux décès.

(https://www.consultor.fr/devenir-consultant/breves/6263-une-overdose-une-ristourne-le-new-york-times-expose-le-cynisme-de-mckinsey.html)

(https://www.huffingtonpost.fr/entry/pour-sa-strategie-vaccinale-le-gouvernement-a-sollicite-4-cabinets-prives_fr_5ff6d39ac5b64e568bf4863f)

(https://www.bastamag.net/Gestion-de-crise-McKinsey-Capgemini-Boston-Consulting-Group-lobbying-RGPP)

(https://www.bastamag.net/Gestion-de-crise-McKinsey-Capgemini-Boston-Consulting-Group-lobbying-RGPP (https://www.bastamag.net/Gestion-de-crise-McKinsey-Capgemini-Boston-Consulting-Group-lobbying-RGPP)

(https://www.capital.fr/economie-politique/vaccin-le-cabinet-de-conseil-du-gouvernement-empetre-dans-un-scandale-sanitaire-aux-etats-unis-1390302)

9. Vingt millions d'euros en revanche, ça passe plus mal.

(https://www.consultor.fr/devenir-consultant/actualite-du-conseil/6308-exclusif-tests-vaccins-dans-les-coulisses-de-la-polemique-mckinsey.html)

10. Mais il n'y a pas que McKinsey qui conseille l'État. Il y a aussi le cabinet Accenture pour le lancement, l'enrichissement et l'accompagnement de la mise en œuvre du système d'information de la vaccination, et puis les cabinets Citwell et JLL pour l'accompagnement logistique et la distribution des vaccins Covid.

(https://www.gala.fr/l_actu/news_de_stars/emmanuel-macron-des-conseils-a-plus-de-2-millions-deuros-une-facture-salee-qui-fait-jaser_461388

11. Olivier Véran, le 22 janvier 2020 sur Twitter : « Nous avons commandé assez de vaccins pour protéger tous les Français avant fin août ».

(https://twitter.com/olivierveran/status/1352589047714164741)

6. Les ratages du gouvernement

1. Le 8 octobre 2020, déclaration vidéo du Dr David Nabarro, haut dirigeant de l'OMS.

(https://fr.theepochtimes.com/responsable-de-loms-demande-darreter-dutiliser-confinement-principale-methode-de-lutte-contre-virus-pcc-1560467.html)

(https://www.journaldemontreal.com/2020/10/12/un-envoye-special-de-loms-denonce-le-confinement-comme-principale-mesure-de-lutte-contre-la-Covid-19)

2. Déclaration de Michael Levitt, Prix Nobel de Chimie 2013, le 6 mai sur le site Covidinfos.net.

(https://Covidinfos.net/Covid19/le-prix-nobel-de-chimie-michael-levitt-se-demande-comment-avons-nous-pu-etre-dupes-a-ce-point/787/)

3. Le 7 septembre 2020, 90 chercheurs et médecins, dont Michael Levitt toujours, signent une lettre ouverte dans le journal *Times of Israël* pour demander au pays de ne pas cloîtrer sa population.

(https://fr.timesofisrael.com/corona-des-experts-de-la-sante-et-chefs-de-services-en-faveur-du-modele-suedois/)

4. L'étude de Santé publique France du 21 novembre 2020.

(https://www.eurosurveillance.org/content/10.2807/1560-7917.ES.2020.25.50.2001974)

5. 7 janvier 2021 : « Ils sont totalement gratuits en France, pour tout le monde. C'est unique en Europe ! Pour une personne asymptomatique souhaitant se faire tester, il faut ainsi débourser près de 100 € en Allemagne ou en Espagne, jusqu'à 350 € au Royaume-Uni, et même être tiré au sort en Grèce », déclare Jean Castex.

(https://www.gouvernement.fr/partage/11997-conference-de-presse-du-premier-ministre-point-de-situation-sur-la-lutte-contre-la-Covid-19#:~:text=Sur%20la%20gratuit%C3%A9%20%3A%20les%20tests,tir%C3%A9%20au%20sort%20en%20Gr%C3%A8ce)

6. Les tests PCR coûtent 88 millions d'euros à la Sécurité sociale selon la Cour des comptes.

(https://www.lemonde.fr/planete/article/2020/09/19/coronavirus-la-note-tres-salee-des-tests-rt-pcr_6052815_3244.html)

7. Début octobre 2020, l'Europe achète pour un milliard d'euros de doses de Remdesivir.

(https://www.lefigaro.fr/sciences/Covid-les-pays-europeens-ont-ils-achete-pour-1-milliard-d-euros-de-remdesivir-20201203)

(https://www.marianne.net/politique/union-europeenne/remdesivir-inefficace-comment-la-commission-europeenne-sest-laissee-seduire-par-gilead)

8. Le 15 octobre 2020, une étude du nom de Solidarity révèle que l'antiviral n'a aucun effet sur les malades.

(https://www.lemonde.fr/planete/article/2020/10/16/traitements-du-Covid-19-resultats-negatifs-pour-l-essai-solidarity-coordonne-par-l-oms_6056349_3244.html) (https://www.medrxiv.org/content/10.1101/2020.10.15.20209817v1.full.pdf)

9. Le 20 novembre 2020, l'OMS déconseille l'utilisation du Remdesivir, insistant sur « la possibilité d'importants effets secondaires ».

(https://www.lemonde.fr/planete/article/2020/11/20/l-oms-deconseille-le-remdesivir-dans-le-traitement-des-malades-du-Covid-19-hospitalises_6060508_3244.html)

10. Le 7 octobre 2020, le projet de LFSS du gouvernement prévoit 900 millions d'euros d'économies dans les hôpitaux en 2021.

(https://www.marianne.net/societe/sante/hopital-apres-le-segur-le-gouvernement-prevoit-un-nouveau-tour-de-vis-budgetaire)

11. La chambre de la cour des comptes d'Occitanie réclame de son côté dans un rapport paru le 1er octobre de supprimer des postes de médecins, et dit qu'il n'y a pas besoin de lits supplémentaires pour les malades.

(https://france3-regions.francetvinfo.fr/occitanie/haute-garonne/toulouse/plein-Covid-chambre-comptes-occitanie-recommande-suppression-lits-medecins-au-chu-toulouse-1879978.html)

12. Médecins, infirmiers, aides-soignants, brancardiers, aides à domicile se rassemblent le 16 juin devant le ministère de la Santé : 18 000 personnes selon la police.

(https://www.leparisien.fr/societe/sante/sante-plusieurs-milliers-de-manifestants-devant-le-ministere-a-paris-16-06-2020-8336562.php)

13. Le 27 avril 2020, des virologues de Wuhan font paraître dans la revue *Nature* la première étude en vie réelle

sur la transmission aéroportée du coronavirus. (https://www.lemonde.fr/blog/realitesbiomedicales/tag/sante-au-travail/)

(https://www.nature.com/articles/s41586-020-2271-3)

(https://www.medrxiv.org/content/10.1101/2020.03.29.20046557v2.full.pdf)

(https://www.ncbi.nlm.nih.gov/pmc/articles/PMC7151430/)

(https://www.medrxiv.org/content/10.1101/2020.03.23.20039446v2)

14. Fin août, comme le révèle *Le Figaro* dans un article du 11 décembre 2020, les départements français où le masque a été imposé dehors ont vu leurs décès s'accroître de 129,2 % contre pile +100 % dans les départements périphériques de la région. (https://www.lefigaro.fr/vox/societe/le-masque-en-exterieur-est-il-un-moyen-de-lutte-efficace-contre-l-epidemie-20201211)

15. Le 18 novembre 2020, une étude danoise paraît dans la revue *Annals of Internal Medicine.*

(https://www.liberation.fr/checknews/2020/11/22/une-recente-etude-danoise-demontre-t-elle-l-inutilite-des-masques_1806204/)

(https://www.acpjournals.org/doi/10.7326/M20-6817)

16. Le 10 novembre, 150 professionnels de santé écrivent une lettre ouverte au gouvernement. (http://messagesante.e-monsite.com/pages/le-port-du-masque-des-6-ans-peut-nuire-gravement-a-la-sante-102-professionnels-de-sante-alertent.html)

17. Le Conseil scientifique, et plus précisément son président Jean-François Delfraissy, lâche le 9 septembre 2020 : « Face au rebond de l'épidémie, le gouvernement sera obligé de prendre des décisions difficiles. »

(https://www.france24.com/fr/20200909-Covid-19-en-france-le-gouvernement-va-devoir-prendre-des-d%C3%A-9cisions-difficiles)

18. Le lendemain, Emmanuel Macron en visite en Corse répond : « Chacun doit rester à sa place, c'est aux dirigeants démocratiquement élus de prendre des décisions. »

(https://www.franceculture.fr/emissions/journal-de-22h/journal-de-22h-du-jeudi-10-septembre-2020)

7. Le goût du mensonge

1. Le 18 septembre 2020, Santé publique France revient sur sa déclaration de 240 nouvelles hospitalisations en 24 heures dans un établissement de l'Essonne, en disant qu'en fait il s'agit d'admissions « au cours des derniers mois ».

(https://www.leparisien.fr/societe/Covid-19-pourquoi-la-hausse-soudaine-de-la-mortalite-en-24-heures-doit-etre-nuancee-19-09-2020-8387748.php)

2. Le projet de loi de la Sécurité sociale (PLFSS) prévoit 1,4 milliard d'économies sur l'hôpital en 2021.

(https://www.marianne.net/societe/sante/hopital-apres-le-segur-le-gouvernement-prevoit-un-nouveau-tour-de-vis-budgetaire)

3. Le 28 mars 2020, le ministre de la Santé déclare justement pour soulager les services que le gouvernement va augmenter le nombre de lits en réanimation à 14 000 ou 14 500.

(https://www.20minutes.fr/sante/2750047-20200328-coronavirus-objectif-passer-14000-lits-reanimation-annonce-olivier-veran)

4. Le 15 janvier 2021, soit dix mois plus tard : il y a

6 733 lits en tout selon la Direction générale de l'offre de soins après relevé auprès des agences régionales de santé (ARS).

(https://www.lamontagne.fr/paris-75000/actualites/y-a-t-il-plus-de-lits-de-reanimation-en-france-depuis-la-premiere-vague-oui-mais_13905930/)

5. Le 24 septembre 2020, lors de la commission d'enquête sénatoriale, notre ministre de la Santé dit : « Nous avons déjà les conclusions de l'épisode grippal dans l'hémisphère Sud (…) elle a été faible, masques, gestes barrières, surtout gestes barrières d'ailleurs parce que le masque, ça marche pas trop là-dessus. »

(https://www.youtube.com/watch?v=n4g568NGnvw)

6. Le 27 août, le ministre de l'Éducation nationale déclare sur France Inter : « Nous allons distribuer pour les professeurs, au cours des prochains jours (…), des masques transparents, qui permettent de voir le mouvement de la bouche ».

(https://www.dailymotion.com/video/x7vt1f8)

7. Le 6 septembre 2020, Sophie Cluzel, secrétaire d'État chargée des Personnes handicapées déclare dans les colonnes du *JDD* que « plus de 100 000 masques seront fabriqués d'ici à la fin du mois (…) qui vont être disponibles en grand nombre dans le courant de l'automne ».

(https://www.lejdd.fr/Societe/Education/sophie-cluzel-secretaire-detat-aux-personnes-handicapees-annonce-des-masques-inclusifs-pour-les-profs-3989935)

8. Le 8 juin 2020, l'OMS, à travers le Dr Maria Van Kerkhove, chef de l'unité des maladies émergentes, déclare lors d'un point presse : « Il semble toujours rare qu'une personne asymptomatique transmette effectivement à un autre individu. »

(https://www.fr24news.com/fr/a/2020/06/la-propagation-asymptomatique-du-coronavirus-semble-etre-tres-rare.html)

9. Le 24 novembre 2020, Codacons donne les résultats d'une enquête sur la fiabilité des tests : 95 % donnent de faux résultats.

(https://www.siracusanews.it/siracusa-presunte-false-diagnosi-Covid-codacons-presenta-esposto-in-procura/)

(https://filodirettomonreale.it/2020/11/26/coronavirus-la-denuncia-del-codacons-tamponi-inaffidabili/)

10. Le 11 décembre, le collectif Laissons-les prescrire, groupement de médecins qui réfléchissent sur la façon de gérer la crise, publie sur Twitter : « Arrrgghhhh. Eh bien nous aussi nous venons de faire le test avec trois gouttes de coca sur TROD (tests rapides d'orientation diagnostic) achetable dans une pharmacie française… test positif faible mais positif ! Il va falloir nous expliquer l'antigénicité croisée #COVID19 / Coca-Cola #COVID ».

(https://twitter.com/laissonslespre1/status/1337462942959366144)

11. Le docteur Patrick Bellier le 4 septembre 2020 sur le site Covidinfos.net : « Tous les patients suspects devaient passer un test PCR et un scanner du thorax. La quasi-totalité avaient une PCR négative, mais par contre tous les radiologues concluaient de la même manière : images compatibles avec une infection Covid. Et zou, le patient était transféré dans le service des Covid. Ces "fameux" radiologues voyaient de l'infection Covid sur des scanners normaux, prenaient des bulles d'emphysème pour de la Covid, prenaient des pneumonies bactériennes à pneumocoques pour de la Covid, etc. Véridique ».

(https://Covidinfos.net/?s=Patrick+Bellier)

(https://www.francesoir.fr/opinions-tribunes/ma-vie-est-devenue-un-enfer)

12. Olivier Véran, le 7 janvier 2021 : « On a fait deux fois plus de tests que n'importe lequel de nos voisins avant les fêtes de Noël », dit-il sur BFM TV.

(https://www.bfmtv.com/politique/tests-chiffres-ecoles-masques-veran-liste-les-domaines-ou-la-france-fait-mieux-que-ses-voisins_AN-202101070448.html#:~:text=Il%20y%20a%207%20pays%20sur%208%20dans%20lequel%20vous,que%20ce%20serait%20une%20catastrophe%22)

13. Le 29 août 2020, le *New York Times* publie une étude réalisée par des chercheurs en santé publique de l'université Harvard. Et voici ce que le Dr Michael Mina, épidémiologiste ayant participé à l'analyse, révèle : « Jusqu'à 90 % de personnes testées ne seraient quasiment pas porteuses du coronavirus. » Il dit plus loin : « Dans le Massachusetts, à New York et au Nevada, jusqu'à 90 % des personnes testées positives ne portaient pratiquement pas le virus ».

(https://www.nytimes.com/2020/08/29/health/coronavirus-testing.html)

(https://www.doctissimo.fr/sante/news/Test-PCR-des-chercheurs-estiment-qu-il-manque-de-precision)

(https://dash.harvard.edu/handle/1/37364504)

14. Le 2 novembre 2020, sur le site du gouvernement, à la page « Comprendre la Covid-19. (https://www.gouvernement.fr/info-coronavirus/comprendre-la-Covid-19#:~:text=La%20COVID%2D19%20est%20un,-peut%20contaminer%20d'autres%20personnes)

15. L'étude publiée le 23 avril 2020 par l'École des hautes études en santé publique (EHESP) était-elle parfaitement… absurde ?

(https://www.ehesp.fr/2020/04/23/une-etude-inedite-de-chercheurs-de-lehesp-montre-que-le-confinement-aurait-sauve-au-moins-60-000-vies/)

16. Et même si Olivier Véran a sauté dessus pour partager sur son compte Twitter d'abord, puis dire sur France Inter ensuite, que confinement rimait avec émerveillement.

(https://www.france24.com/fr/20200424-Covid-19-le-confinement-a-permis-de-sauver-60-000-vies-en-france-se-lon-olivier-v%C3%A9ran)

17. L'étude est laminée neuf jours plus tard par d'éminents chercheurs dans le *Journal international de médecine.*

(https://www.jim.fr/medecin/jimplus/e-docs/etude_critique_dune_modelisation_des_effets_du_confinement__182808/document_edito.phtml)

18. Le 25 janvier en Suède, il y a 11 005 morts. Le 25 janvier au Japon, il y a 5 193 morts. Le 25 janvier en France, il y en a 73 636.

(https://ourworldindata.org/grapher/deaths-Covid-19-vs-case-fatality-rate?time=2021-01-25&country=SWE~JPN~FRA)

19. Le 18 septembre 2020, l'agence Santé publique France annonce ainsi 123 décès en 24 heures alors qu'il n'y en a en fait que 50.

(https://www.cnews.fr/france/2020-09-19/coronavirus-un-rattrapage-de-sante-publique-france-fait-bondir-vendredi-le-nombre)

20. Le *Daily Mail* semble le confirmer le 24 octobre 2020, en titrant : « La Covid a-t-elle tué la grippe ? Les experts posent la question intriguante alors que les cas de grippe plongent de 98 % dans le monde. »

(https://www.dailymail.co.uk/health/article-8875201/

Has-Covid-killed-flu.html?__twitter_impression=true&__twitter_impression=true&__twitter_impression=true)

21. Le Dr Dan Bensadoun déclare sur CNews le 25 octobre 2020 : « Toutes les rhino-pharyngites que j'aurais étiquetées rhino-pharyngite les autres années, je les étiquette Covid, et on les étiquette Covid. »

(https://twitter.com/yvesdamecourt/status/1320255145872162817)

22. Le 26 août 2020, l'autorité sanitaire américaine, le Center of Disease Control and Prevention, présente son bulletin hebdomadaire. Et cette semaine-là, il affiche un tableau qui révèle (je cite l'agence) : « Pour 6 % des décès, la Covid-19 est la seule cause mentionnée. »

(http://archive.vn/1Vw95#selection-3095.1-3095.439)

23. « La Covid 19, le taux de létalité d'après les spécialistes est entre 0,3 et 0,5 %. Ça veut dire que si vous attrapez la Covid, vous avez en moyenne 99,5 % de chances d'en réchapper », explique sereinement le philosophe André Comte-Sponville sur TV5 Monde le 25 septembre 2020.

(https://enseigner.tv5monde.com/fiches-pedagogiques-fle/comment-vivre-heureux-par-temps-de-catastrophes#:~:text=Andr%C3%A9%20Comte%2DSponville%2C%20philosophe, – Je%20suis%20montaignien&text=Parce%20que%20la%20peste%2C%20le,de%20chances%20d'en%20r%C3%A9chapper)

24. Le 25 septembre 2020, l'Institut Pasteur présente ses prévisions en matière de contaminations pour les mois à venir. (https://www.facebook.com/quoi2news/videos/1752502608247963)

25. Olivier Véran, 1er octobre 2020 : « Toutes les semaines, 10 malades en contaminent 30. Tous les trois jours, le nombre de malades double. 100 malades aujourd'hui,

c'est 200 malades dimanche, 400 malades mardi prochain, 800 malades vendredi, 1 600 malades lundi en huit, etc. »

(https://www.vie-publique.fr/discours/276691-olivier-veran-01102020-adopter-des-mesures-de-protection-coronavirus#:~:text=Ainsi%2C%20et%20comme%20on%20le,malades%20lundi%20en%208%2C%20etc)

26. Pasteur rame un peu quand la rédaction de l'émission « Désintox » de la chaîne de télé Arte l'appelle pour lui demander des explications. (https://www.francetvinfo.fr/sante/maladie/coronavirus/desintox-Covid-19-les-previsions-pas-si-inquietantes-de-l-institut-pasteur_4141179.html)

27. Il sort une nouvelle modélisation le 1er décembre : « le nombre de lits de soins critiques occupés par des patients Covid-19 se situe entre 1 600 et 2 600 lits le 15 décembre. »

(https://www.rtl.fr/actu/bien-etre/coronavirus-pasteur-prevoit-1-600-a-2-600-patients-en-reanimation-mi-decembre-7800932867)

28. L'OMS est financée par les États membres à hauteur de 20 % « et des contributions volontaires, pour les 80 % restants », peut-on lire dans le document définissant le budget de l'OMS du 24 mai 2019.

(https://www.liberation.fr/checknews/2020/04/17/qui-finance-l-oms_1785538/)

29. Le glyphosate : le 20 mars 2015, l'OMS classe timidement le pesticide comme « cancérogène probable ou possible ».

(https://www.lemonde.fr/planete/article/2015/03/25/le-desherbant-roundup-classe-cancerogene_4600906_3244.html)

8. ~~Liberté~~, égalité et fraternité

1. Le directeur de l'Institut de virologie de l'hôpital universitaire de Bonn, Hendrik Streeck, déclare : « Nous avons affaire à un virus grave, mais il ne faut pas dramatiser. Ce virus n'est mortel que pour quelques-uns. » (https://artofuss.blog/2020/10/26/le-principal-expert-allemand-explose-la-strategie-anti-coronavirus-arretons-de-paniquer-et-retournons-a-une-vie-normale/)

2. La loi du 11 mai 2020. (https://www.conseil-constitutionnel.fr/decision/2020/2020800DC.htm)

(https://www.vie-publique.fr/loi/274230-loi-du-11-mai-2020-prolongation-etat-durgence-sanitaire)

3. La loi du 9 juillet 2020.

(https://www.vie-publique.fr/loi/274501-loi-9-juillet-2020-organisant-la-sortie-de-letat-durgence-sanitaire#:~:text=L'%C3%A9tat%20d'urgence%20sanitaire%20prend%20fin%20le%2010%20juillet,les%20d%C3%A9placements%20ou%20les%20rassemblements)

(https://www.legifrance.gouv.fr/jorf/id/JORFTEXT000042101318?r=Z4XYfjBhgJ)

4. Le décret du 14 octobre 2020.

(https://www.legifrance.gouv.fr/jorf/id/JORFTEXT000042424377)

5. La loi du 14 novembre 2020.

(https://www.vie-publique.fr/loi/278070-loi-prolongation-etat-durgence-sanitaire-jusqua-juin-2021#:~:text=L'%C3%A9tat%20d'urgence%20sanitaire%2C%20d%C3%A9clar%C3%A9%20par%20un%20d%C3%A9cret,loi%20du%2014%20novembre%202020)

6. Le projet de loi du 21 décembre 2020. (file:///C:/Users/barto/Downloads/l15b3714_projet-loi.pdf)

7. Le projet de loi du 9 février 2021.
(https://www.vie-publique.fr/loi/278070-loi-prolongation-etat-durgence-sanitaire-jusqua-juin-2021)

8. On peut lire, le 27 janvier 2021, sur le site de l'Assemblée nationale : « La mission d'information a mis fin à ses travaux. »
(https://www2.assemblee-nationale.fr/15/missions-d-information/missions-d-information-de-la-conference-des-presidents/impact-gestion-et-consequences-dans-toutes-ses-dimensions-de-l-epidemie-de-coronavirus-Covid-19/(block)/68849)

9. Raoult qualifié de « fou furieux ». (https://www.gala.fr/l_actu/news_de_stars/chloroquine-didier-raoult-traite-de-fou-furieux-il-embarrasse-emmanuel-macron_445381)

10. Dans une tribune publiée en juin sur le site d'info américain The Hill, Jonathan Turley, professeur de droit à l'université George-Washington, déclare : « La triste ironie est de voir que la France prend la tête des pays visant à restreindre la liberté d'expression. »
(https://thehill.com/opinion/civil-rights/451813-france-has-turned-into-one-of-the-worldwide-threats-to-free-speech)

11. Le 10 septembre 2020 sur France info, Bruno Lina explique que le Conseil scientifique (dont il fait partie), veut des « bulles sociales »
(https://www.francetvinfo.fr/sante/maladie/coronavirus/Covid-19-le-concept-son-efficacite-les-critiques-voici-ce-qu-il-faut-savoir-sur-la-bulle-sociale_4101069.html)

12. Ça, c'est chez nous ! Ça les prend le 22 janvier à l'Académie nationale de médecine.

(https://www.francebleu.fr/infos/transports/Covid-19-l-academie-de-medecine-recommande-de-se-taire-dans-le-metro-1611344303)

13. « On ne peut pas confiner et déconfiner en permanence », dit le président du Medef.

(https://www.leparisien.fr/economie/emploi/reconfinement-un-plan-injuste-pour-le-patron-des-patrons-28-10-2020-8405482.php)

14. « On a confiné des familles avec probablement un des membres positifs, et là vous pouvez être assuré que l'ensemble va être contaminé », dit le virologue Pierre Charneau, directeur du laboratoire commun Pasteur-Theravectis.

(https://www.facebook.com/laroche.boris/videos/10158893630404216)

15. Le décret du 29 octobre 2020.

(https://www.legifrance.gouv.fr/jorf/id/JORF-TEXT000042475143#:~:text=%2D%20Les%20rassemblements%2C%20r%C3%A9unions%20ou%20activit%C3%A9s,de%20six%20personnes%20sont%20interdits)

16. « Tous ceux qui restent ouverts seront suspendus pendant un mois de l'accès au fonds de solidarité. Et si jamais il y a récidive, ils n'y auront plus accès du tout », annonce Bruno Le Maire le matin du 1er février 2021.

(https://www.francetvinfo.fr/sante/maladie/coronavirus/Covid-19-les-restaurants-qui-restent-ouverts-seront-prives-du-fonds-de-solidarite-previent-bruno-le-maire_4279413.html)

17. 1,1 million de contraventions pour non-respect du premier confinement. 255 000 verbalisations pour non-respect du second confinement.

(https://www.lci.fr/societe/ou-vont-les-recettes-des-amendes-pour-non-respect-du-confinement-2172359.

html#:~:text=BUDGET%20%2D%20Avec%20pr%C3%A8s%20de%201,dizaines%20de%20millions%20d'euros)

18. 110 000 contraventions pour non-respect du couvre-feu.

(https://www.leparisien.fr/faits-divers/Covid-19-plus-de-110-000-amendes-pour-non-respect-du-couvre-feu-depuis-decembre-24-01-2021-8420990.php)

19. 45 000 contraventions pour non-port du masque. (https://www.leparisien.fr/faits-divers/coronavirus-pres-de-45-000-verbalisations-pour-non-port-du-masque-depuis-mai-18-09-2020-8386989.php#:~:text=Pr%C3%A8s%20de%2045%20000%20personnes,crise%20sanitaire%20li%C3%A9e%20au%20coronavirus)

20. Augmentation de l'enveloppe de frais allouée aux députés (…) depuis le 1er février, ils touchent 2 842,50 euros de plus sur l'année.

(https://www.lepoint.fr/politique/assemblee-debat-autour-de-l-augmentation-de-la-dotation-materielle-des-deputes-03-02-2021-2412492_20.php)

21. Le 6 octobre 2020, le célèbre professeur Axel Kahn sur l'antenne de France Culture déclare : « Face à une pandémie, c'est un inconvénient d'être dans une démocratie. »

(https://www.franceculture.fr/emissions/linvitee-des-matins/Covid-19-des-recits-nationaux-aux-consequences-sanitaires-avec-axel-kahn-et-christine-ockrent)

22. Depuis qu'il y a couvre-feu, voici ce que Gérald Darmanin vous a concocté, si vous êtes en infraction trois fois dans le mois : « Une amende de 3 750 euros, passible de 6 mois d'emprisonnement. »

(https://www.police-nationale.interieur.gouv.fr/Actualites/L-actu-police/Attestations-de-deplacement-couvre-feu)

23. Quand le *New York Times* accuse Emmanuel Macron d'abus de pouvoir. (https://www.nytimes.com/2017/06/12/opinion/emmanuel-macron-terrorism-france.html)

24. L'hebdomadaire allemand *Die Zeit* parle d'« Absurdistan autoritaire ». (https://www.nantes-revoltee.com/la-france-vue-dallemagne-un-absurdistan-autoritaire/)

(https://www.zeit.de/zustimmung?url=(https%3A%2F%2Fwww.zeit.de%2Fpolitik%2Fausland%2F2020-11%2Fcorona-regeln-frankreich-lockdown-polizei-quarantaene-attest-joggen-sport%3Ffbclid%3DIwAR2BEPtuIWfQfYjlbm8J7 h 7cs_Sa5SqXWkWKB6ltajLmQot5NClrHVk_Cy0)

25. L'académicien François Sureau sur France Inter en 2019 : « Je ne désespère pas de voir ce qui nous caractérise fondamentalement en tant que français, en tant qu'européens et en tant qu'occidentaux qui est l'amour de la liberté au péril de toutes les aventures et de tous les risques, reprendre le dessus après une période marquée par la trouille généralisée et le gris préfectoral. »

(https://www.youtube.com/watch?v=aTWsBoK_IMQ&feature=youtu.be)

26. L'historien Howard Zinn : « La désobéissance civile n'est pas un problème. Notre problème, c'est l'obéissance civile. »

(https://citations.ouest-france.fr/citation-howard-zinn/desobeissance-civile-probleme-probleme-obeissance-103895.html)

9. Nostradamus reprend du service !

1. 2003, la série télé américaine *Dead Zone* annonce un virus venu de Chine, provoquant de « fortes fièvres et des complications respiratoires ». (https://observers.france24.com/fr/20200604-pandemie-Covid-19-elle-ete-prevue-une-serie-americaine-2003)

2. 2009, à l'ONU, Mouammar Kadhafi dit à la tribune que les services de renseignement travailleront main dans la main avec l'industrie pharmaceutique. Qu'ils développeront des virus pour vendre des vaccins et faire des profits.
(https://www.youtube.com/watch?v=goYQAQv_AEg&feature=emb_imp_woyt)

3. 2009 Alexandre Adler préface un livre qui s'appelle *Le Nouveau Rapport de la CIA*. (https://www.corsematin.com/articles/la-pandemie-ou-le-rapport-premonitoire-de-la-cia-108521)

4. 2010, la fondation Rockefeller publie un document. (https://www.francetvinfo.fr/sante/maladie/coronavirus/vrai-ou-fake-la-planification-dune-pandemie-pour-installer-une-dictature-mondiale_3962307.html)

5. 2011, l'Union européenne produit une BD. (https://agenceurope.eu/fr/bulletin/article/12486/1
(https://op.europa.eu/en/publication-detail/-/publication/4cc2ea93-d003-417e-9294-1103a6ee877d)

6. 2013, un chanteur (…) Dr Creep, chante un titre de son cru « Pandemic ».
(https://genius.com/Dr-creep-pandemic-lyrics)

7. 2015, la RAI, télévision italienne, diffuse un reportage, tourné en Chine, dans un labo. (https://www.youtube.com/watch?v=ORpUja-xX9I&feature=youtu.be)

8. 2016, Jérôme Salomon envoie une note au futur candidat à la présidentielle, Macron. (https://www.liberation.fr/checknews/2020/03/20/jerome-salomon-avait-il-alerte-macron-sur-l-impreparation-de-la-france-face-aux-catastrophes-des-201_1782457/)

9. Anthony Fauci, le 12 janvier 2017, déclare, à l'oral, au Centre pour la science et la sécurité de la santé mondiale, que Donald Trump devra affronter une épidémie de maladie infectieuse pendant sa présidence. (https://gumc.georgetown.edu/gumc-stories/global-health-experts-advise-advance-planning-for-inevitable-pandemic/)

(https://fr.sputniknews.com/international/202003301043435021-trump-menace-dune-epidemie-surprise-la-curieuse-premonition-de-2017/)

(https://eu.usatoday.com/story/news/factcheck/2020/07/29/fact-check-2017-anthony-fauci-warned-potential-outbreak/5494601002/)

10. 2019, un organisme notamment institué par l'OMS, dont la tâche est de prévenir les épidémies, publie un rapport intitulé « Un monde en danger ». (https://apps.who.int/gpmb/assets/annual_report/GPMB_Annual_Report_Exec_Summary_Foreword_and_About_French.pdf)

11. 2019 toujours, en octobre précisément. Le Forum économique mondial, en partenariat avec la Fondation Bill et Melinda Gates, organise un exercice de simulation. (https://www.youtube.com/watch?v=AoLw-Q8X174)

12. Cette info oblige l'organisateur de la simulation à rédiger un communiqué. (https://www.centerforhealthsecurity.org/news/center-news/2020/2020-01-24-Statement-of-Clarification-Event201.html)

13. 2020. Le 16 mars, l'Imperial College d'Angleterre publie un document. Il s'agit d'une modélisation. (https://

spiral.imperial.ac.uk:8443/handle/10044/1/77482) (https://www.imperial.ac.uk/media/imperial-college/medicine/sph/ide/gida-fellowships/Imperial-College-COVID19-NPI-modelling-16-03-2020.pdf)

(https://www.liberation.fr/checknews/2020/06/03/les-previsions-de-ferguson-qui-ont-conduit-de-nombreux-pays-a-se-confiner-etaient-elles-fantaisistes_1790061)

14. 2020, le 9 octobre. Jean François Delfraissy sur BFM TV : « ça va durer ». (https://www.bfmtv.com/sante/jusqu-a-l-ete-prochain-le-president-du-conseil-scientifique-avertit-que-l-epidemie-de-Covid-va-durer_AV-202010090136.html)

15. 2020 toujours, le 28 octobre. Dans son discours, notre Président déclare : « Nous pourrions – certains le préconisent – ne rien faire, assumer de laisser le virus circuler. C'est ce qu'on appelle la recherche de l'immunité collective, c'est-à-dire lorsque 50 à 60 % de la population a été contaminée. »

(https://www.elysee.fr/emmanuel-macron/2020/10/28/adresse-aux-francais-28-octobre)

10. L'avenir nous appartient !

1. Le 24 mars 2020, le Collège national des généralistes dit que la « détérioration de la qualité des soins et de la surveillance de tous les patients fragiles et polypathologiques risque d'augmenter les hospitalisations et la mortalité liées aux autres causes que la Covid ».

(https://www.legeneraliste.fr/actu-medicale/actu-societes-savantes/coronavirus-le-cnge-reclame-des-masques-et-un-acces-rapide-au-centre-15-pour-les-generalistes)

2. Le 25 mars 2020, le Collège de médecine générale : « Mettre en pause les soins de santé primaire, c'est enclencher une bombe à retardement ! »

(https://lecmg.fr/mettre-en-pause-les-soins-de-sante-primaire-cest-enclencher-une-bombe-a-retardement/)

3. Le 8 avril 2020, des soignants : « Dans ce contexte particulier nous, 350 soignants de premier recours, médecins généralistes, pharmaciens, psychiatres, IDE, pédiatres, oncologues, gériatres, cardiologues, sages-femmes, kinés, etc. venant de toutes les régions de France, avons le devoir d'alerter la population française et les autorités sanitaires : les autres problèmes de santé ne doivent pas être négligés. »

(https://www.francebleu.fr/infos/sante-sciences/coronavirus-annulations-et-baisse-des-consultations-des-medecins-craignent-les-dommages-collateraux-1586367358)

4. Le Dr Mathieu Bernard-Le Bourvellec, cardiologue de l'Institut Cœur Paris Centre, déclare : « Au début du confinement, nous n'avons vu personne pendant deux semaines. C'est comme s'il n'y avait plus de crises cardiaques. »

(https://www.marieclaire.fr/prise-en-charge-pathologies-non-Covid-19,1344235.asp)

5. Axel Kahn dit qu'à cause de la Covid « pratiquement 100 000 cancers n'ont pas été détectés [...] il y a des milliers de malades atteints de cancer qui mourront dans les cinq ans de leur cancer parce que, en effet, leur maladie n'a pas été détectée et traitée de manière optimale durant cette période ».

(https://www.europe1.fr/sante/Covid-19-pratiquement-100000-cancers-nont-pas-ete-detectes-en-2020-4022927)

6. Le 10 avril 2020, Olivier Véran dit aux députés LREM lors d'une visioconférence : « On a un recul inquiétant sur les maladies chroniques, la vaccination des nourris-

sons, le dépistage du cancer du sein, de cancer colorectal. S'il vous plaît, communiquez là-dessus ! On n'a pas besoin de se taper une deuxième vague de maladies chroniques derrière ! »

(https://lcp.fr/actualites/le-ministre-de-la-sante-sinquiete-du-recul-des-consultations-medicales-hors-coronavirus)

7. Le 23 mars 2020 Santé publique France lance l'enquête CoviPrev.

(https://www.santepubliquefrance.fr/etudes-et-enquetes/coviprev-une-enquete-pour-suivre-l-evolution-des-comportements-et-de-la-sante-mentale-pendant-l-epidemie-de-Covid-19)

8. Santé publique France : « Quelles que soient les conditions de vie, la peur, l'inquiétude (pour sa santé et sa situation économique), la colère ou encore les sentiments de solitude et d'isolement sont associés à une santé mentale plus dégradée. »

file:///C:/Users/barto/Downloads/IDF_PER_COVID19_20210128.pdf)

9. Rapport émanant le 16 décembre 2020 de l'Assemblée nationale.

(https://www.assemblee-nationale.fr/dyn/15/rapports/ceCovidj/l15b3703_rapport-enquete.pdf)

10. Rapport de l'Unicef du 10 décembre 2020.

(https://www.unicef.fr/article/unicef-prevoit-d-aider-190-millions-d-enfants-en-situation-d-urgence-en-2021)

11. Une étude réalisée par le CHU de Dijon et l'Inserm révèle, 7 mois après le premier confinement, que les violences contre enfants ont augmenté de 50 %.

(https://www.chu-dijon.fr/actualites/2021/02/10/violences-confinement)

(https://www.lemonde.fr/societe/article/2020/12/22/

maltraitance-des-enfants-les-hospitalisations-pour-violences-ont-augmente-de-50-lors-du-premier-confinement_6064220_3224.html)

12. « C'est un choc qui n'a de comparaison qu'avec la grande récession de 1929 », déclare Bruno Le Maire le 10 juin 2020 à l'Assemblée nationale.

(https://www.vie-publique.fr/discours/275409-bruno-le-maire-10062020-3eme-projet-de-loi-de-finances-rectificative)

13. Un sondage de McKinsey & Company paru le 22 octobre 2020, révèle, sur l'avenir des PME (petites et moyennes entreprises) en Europe, que « plus de la moitié estimaient que leur entreprise ne survivrait pas plus de 12 mois » « la crise liée au nouveau coronavirus a diminué les revenus de 70 % d'entre elles ».

(https://www.bloomberg.com/news/articles/2020-10-22/half-of-europe-s-smaller-businesses-risk-bankruptcy-within-year?sref=RJ2RlMrh)

14. Muriel Pénicaud, le 19 mars 2020 : « Les règles, c'est de rester chez soi, sauf pour aller acheter de l'alimentaire, il faut bien manger, prendre un rendez-vous chez un médecin ou aller travailler. »

(https://www.vie-publique.fr/discours/274907-muriel-penicaud-19032020-la-responsabilite-des-entreprises)

15. La Fondation pour la recherche sur la biodiversité révèle les résultats d'une étude le 15 mai 2020 : « Ce rapport établit qu'il est fort probable qu'un lien existe entre cette pandémie et la dégradation de l'environnement. »

(https://www.actu-environnement.com/ae/news/Covid-19-coronavirus-pandemies-epidemie-biodiversite-lien-synthese-scientifique-fondation-recherche-frb-35512.php4)

16. « L'écologie, combat du siècle », c'est écrit sur le site de l'Élysée.

(https://www.elysee.fr/)

17. « Je n'ai aucun doute sur le fait que vous prendrez les bonnes décisions », avait dit Édouard Philippe à Jean Castex lors de la passation de pouvoir le 3 juillet 2020.

(https://www.francebleu.fr/infos/politique/en-images-passation-de-pouvoirs-entre-edouard-philippe-et-jean-castex-1593790135)

Remerciements

À ma famille, en particulier mon épouse Véronique qui a partagé mes vicissitudes. À mes enfants et maintenant mon petit-fils, en espérant qu'ils pourront vivre dans un monde libre.

À tous les membres du service des Maladies infectieuses et tropicales de l'hôpital Raymond-Poincaré de Garches que j'ai dirigé depuis 1994 jusqu'à ma radiation récente en décembre 2020. Le personnel est resté solidaire et fantastique pour gérer la crise. Ils me témoignent toujours leur fidélité. Qu'ils reçoivent mon admiration.

Aux pharmaciens de l'hôpital, qui ont été d'une aide et d'une compréhension constantes.

À tous les membres du personnel de l'hôpital, notamment Jorje Magalhaes, qui m'ont soutenu avec une chaleur extraordinaire.

Aux 1 500 personnes qui se sont déplacées, souvent de loin, devant mon hôpital trois jours avant Noël, par un temps gris et pluvieux, pour me manifester leur soutien après ma radiation. Vous m'avez fait chaud au cœur.

À tous les médecins qui m'ont soutenu. Je me permets de les citer à titre amical en précisant qu'ils n'ont pas lu ce livre avant sa parution et qu'ils n'en partageront peut-être pas tous les aspects : Médecin général Dominique Baudon, Pr Philippe Douste-Blazy, Pr Olivier Goulet, Dr Violaine Guérin, Pr Dominique Kutten, Dr Stéphane Gayet, Pr Geoffroy Lorin de la Grandmaison, Dr Jean Marc Norès, Dr François Paraire, Pr Alain Patel, Pr Didier Raoult ainsi que tous les collègues et le personnel de l'Institut hospitalo-universitaire de Marseille, Pr Jean Michel Rémy, Pr Laurent Toubiana, Pr Jean-François Toussaint, Pr Jean-Louis Vildé, Dr Martine Wonner.

À tous les médecins de la Coordination Santé Libre.

Aux membres de l'Association BonSens.

Aux innombrables médecins généralistes et spécialistes qui m'écrivent tous les jours depuis tous les coins de France métropolitaine et d'Outre-mer.

Aux médecins des maisons de retraite (Ehpad) qui ont été dans la détresse.

À Bertrand Pasquet et Christèle Dumas-Gonnet pour leur soutien.

Remerciements

À Susanna Lea, pour son sens de la justice et de la justesse.

À toute l'équipe des éditions Albin Michel, notamment Alexandre Wickham et Gilles Haéri, qui m'ont renouvelé leur confiance.

À Ambre Bartok, qui m'est restée fidèle pour la rédaction de ce nouveau livre, pour son travail exceptionnel.

À tous les Français, dont je reçois des milliers de témoignages chaleureux, en les encourageant à surmonter vaillamment la crise qui s'annonce.

DU MÊME AUTEUR

AUX ÉDITIONS ALBIN MICHEL

Y a-t-il une erreur qu'ILS n'ont pas commise ?, 2020

CHEZ D'AUTRES ÉDITEURS

La vérité sur la maladie de Lyme, Odile Jacob, 2019

Cryoto-infection: The truth about Lyme disease and other hidden infections, Hammersmith, 2020

Composition : Nord Compo
Impression : CPI Bussière en mars 2021
Éditions Albin Michel
22, rue Huyghens, 75014 Paris
www.albin-michel.fr

ISBN : 978-2-226-46133-9
N° d'édition : 24469/01. N° d'impression : 2055763
Dépôt légal : avril 2021
Imprimé en France